I0477425

这本书是献给世界上所有普通百姓的，包括：

❖ *全球数十亿生活贫穷的人*
❖ *近乎1亿名美国失业人口*
❖ *不充分就业的人*
❖ *无家可归的人*
❖ *退休的人*
❖ *退伍老兵*
❖ *在职军官*
❖ *教师*
❖ *家庭主妇*
❖ *学生*
❖ *...*
❖ *任何想多赚点钱的人！*

< i >

艾丽丝·玛丽·麦克（博士，EMBA）的其他书籍
Other books by Iris Marie Mack, Phd, EMBA

Energy Trading and Risk Management: A Practical Approach to Hedging, Trading and Portfolio Diversification (Wiley Finance) 1st Edition

Mama says, "Money Doesn't Grow on Trees!" (World of Dr. Mackamatix Mathematics Edutainment Book)

< ii >

目录

< iii >

< vi >

< v >

序言

当我搜集资料并开始着手写本书的时候，我真正学到了许多，可以列举出来的东西也太多了。然而，最让我震惊的事情之一是当我和我在一些美国主流大学中教的金融学研究生（Master of Finance，MFIN）聊天时，他们的其他教授鲜有探讨过美联储（美国的央行）在我们货币体系中的角色。一开始，我以为这些学生只会托我后腿，所以我就让我的一个学生和她的金融学教授约个时间好好谈谈美联储。然后这个学生告诉我她没有从教授那里得到任何关于美联储有用的信息，取而代之的是说了些晦涩难懂的话然后让她回来找我问（这在美国鲜有发生）。

要知道，许许多多这些金融学研究生最后可都是在华尔街的金融机构或者全球的其他金融中心工作的。现在你不妨停下来问问自己以下问题：

> *如果在美国主流大学学习的金融学研究生都不知道美联储在我们货币体系中的角色，那其他老百姓怎么可能会知道这个神秘的组织并且了解它对我们生活中方方面面的影响呢？*

关于美国金融教育这一惊人事实让我想起了约翰·菲兹杰拉德·肯尼迪总统的一段演讲词（肯尼迪Kennedy，1961）：

> *"秘密"这个单词，在我们这个自由开放的社会里，是相当令人讨厌的；我们作为一个人不管从本性上还是历史上都反对秘密社团，秘密誓盟和秘密行动。*

< vi >

你可能在想——谁在乎这种东西！美联储和这本书有什么关系？我知道，你买这本书的目的是如何赚钱；得到救助；学习如何去做我们在副标题中声称的所谓的防弹交易策略。无须担心，我们都会将这些教给你。但是请忍耐一下，有些重要的事情我们必须要现在讨论——比如说美联储。这些事情有助于你理解如何利用我们所说的策略赚钱。

0.1 灵机一动: 防弹交易策略

在过去的几年中，我一直在教授能源交易与风险管理课程。该课程难度与大学课程相当，主要授课地点在华尔街，欧洲和亚洲。每当我就本书中介绍的防弹交易策略开办讲座或指导交易操作时，我都能看到我的学生们的转变。就像是他们脑海中的灯泡瞬间打开一样。他们都打起了精神，坐直了身体，甚至微微前倾，试图消化我所要传达给他们的信息。随意看看交易实验室或者讲座厅就可以看到这幅令人着迷的景象。

最后，我突发奇想，开始和我的亲戚，朋友，同事，甚至是陌生人讨论这种交易策略，想看看他们的反应。令人惊讶的是，他们几乎都有着和我的学生们相同的反应。他们中甚至有些人开始生气，说道 *"为什么给我开户的经纪人都不告诉我这些"*。

一些人想得更远，来求我（有些人是命令我）教他们如何进行实际操作。有些人问我可否在他们那儿拿点钱到我的账户上，替他们使用这种交易方法去交易。还有几个人甚至跑去读我之前出版的和能源交易有关的书籍（麦克Mack，2014），希望可以学会这种交易策略。然而让他们懊恼的是，那本书有点太过学术化了。所以，这就是我为什么决定写这本指导你 "如何做" 的书。该书中的内容是基于我那本能源交易的书籍中一些学术概念的。当然，任何门外汉都可以通过本书来学习这种防弹交易策略。

< vii >

无论是学术上，专业上，还是在我们的个人账户上，我和我的合作作者们在这种防弹交易策略中都有着大量经验。此外，我们也曾利用这种操作策略在英国脱欧的波动市场环境下进行了模拟交易竞赛（惠勒Wheeler，2016）。所以对我们来说，这种防弹交易策略绝不只是纸上功夫。这是实实在在的交易，不仅可以帮助我们赚钱，也从市场下滑风险中保护我们。尤其是在英国决定脱欧后，市场上避险情绪显著。当你读完本书时，你一样也可以使用这种防弹交易策略，让老百姓得到些华尔街人的救助！

0.2 本书概览

本书的特点之一是包含大量例子，案例学习，交易截图和防弹交易策略的解释。这会帮助你**即刻**获取收益！

本书各章结构如下：

第一章：简介—2007至2009年的金融危机，银行业救助，美联储，"出租"股票，持保看涨期权，失业率"算术"，TradeStation交易软件，持保看涨期权清单，www.MainStBailout.com

第二章：来自老百姓和美联储的银行紧急救助—美国财政部，问题资产救济项目（TARP），美联储，美联储对本土银行和国外银行的救助

第三章：老百姓的救助—衍生品，衍生品金字塔，救助，自救

第四章：股票期权—期权合约，看涨期权，看跌期权，期权交易策略，TradeStation期权合约代码，买入看涨期权策略，卖出看涨期权策略

< viii >

< ix >

致谢

我在此想感谢所有参与本书编辑的人。

❖ **合作作者**——在杜兰大学弗里曼商学院教授能源交易课程期间的一些学生和/或我的助教。他们是付加成（Jiacheng Fu），薛静远（Jingyuan Xue），韩晓罡（Xiaogang Han）和施许燕（Xuyan Shi）

❖ **专业编辑**——韦恩·H·珀丁（Wayner H. Purdin）

❖ **排版设计**——JaZaa金融咨询的默罕默德·阿西夫（Mohammad Asif）

❖ **封面设计**——乔斯·朱利安·拉米雷兹·里瓦斯（Jose Julian Ramires Rivas）

❖ **目录设计**——Next目录服务有限责任公司洁西卡·麦柯迪·克鲁克兹（Jessica McCurdy Crooks）

❖ **TradeStation证券有限公司**——投资者教育主管杰西·纳瓦（Jesus Nava）授权使用其平台的交易账户和市场数据来构建本书中的案例和示例。

❖ **校对**——古斯塔沃·阿亚拉（Gustavo Ayala）；派·伊恩（Pye Ian），MBA；艾利克斯·卡扎科夫（Alexei Kazakov），PhD；迈克尔·C·汤姆赛特（Michael C. Thomsett），PhD；大卫·特雷维诺（David Trevino），MBA；王成（Cheng Wang），MBA；韩晓罡（Xiaogang Han）

❖ **翻译**——付加成（Jiacheng Fu），薛静远（Jingyuan Xue），韩晓罡（Xiaogang Han）和刘芷彤（Zhitong Liu）

没有以上个人和组织的辛苦，耐心，支持和奉献，本书是绝无可能完成的。

< x >

关于作者

艾丽丝·玛丽·麦克（Iris Marie Mack, PhD, EMBA），毕业于哈佛大学（Harvard University）应用数学专业，获博士学位。她也是获得伦敦商学院（London Business School）斯隆奖的一名EMBA。麦克博士在能源和金融领域均有所建树，曾任教于麻省理工学院（MIT），也曾为美国航天局（NASA）和AT&T贝尔实验室工作。麦克教授在贝尔实验室任职期间曾获得一项光导纤维的研究专利。

麦克教授现在为惠誉学习（*Fitch Learning*）的国际数量金融工程项目（CQF）教授能源交易与管理课程，在华尔街和杜兰大学（Tulane University）均有授课。麦克教授凭借其在衍生品，能源交易和投行领域的丰富知识，被国际商业时报（*International Business Times*）英国版邀请撰写期权专栏。

麦克教授被魅力杂志（*Glamour Magazine*）提名为十大职业女性之一。这次也不是她第一次出书立作了。这本书是其第三本金融领域的出版书籍，前两本分别是在威利金融（Wiley Finance）出版的能源交易书籍和供青少年和成年人阅读的理财知识书籍。凭借其丰富的经验和渊博的知识，麦克教授完全有能力帮助读者获得他们应得的财务自由。(Mack, 2004; Mack, 2011; Mack, 2014)

此外，麦克教授创立了全球能源站（*The Global Energy Post*）和数学QED网（*MathQED*）——一个帮助高中生和大学生解决作业的网站（译者注：QED为拉丁短语quod erat demonstrandum的缩写，一般译为谨此作答或证明完毕）之前该网站名为Phat Math，该网站被誉为五十佳优秀教育学术类网站，二十五佳研究生学习网站和二十五佳研究生有用的社交网站。这些嘉奖充分说明麦克教授清晰表达的能力。(Learn-O-Rama, 2016; Online Masters Degree, 2011; PhD Programs Online, 2011)

< xi >

关于合作作者

合作作者	简历
付加成 Jiacheng Fu	**付加成**毕业于美国杜兰大学，于2015年获得金融学硕士学位并于2016年获得能源管理硕士学位。在学习期间，曾是麦克教授能源基础与交易课程的一名助教。付先生是北京利泽大数据资产管理有限公司的执行董事。该公司主要在金融和能源产业提供资产管理和信息技术服务，并专注于交易策略的研发。付先生负责撰写了第四章。
薛静远 Jingyuan Xue	**薛静远**毕业于美国杜兰大学，获能源管理硕士学位。在毕业后归国，目前就职于中国华能集团，世界最大的电力集团。薛先生目前负责中国和全球的碳交易市场和新能源项目投资。薛先生负责撰写了第七章。
韩晓罡 Xiaogang Han	**韩晓罡**毕业于美国杜兰大学，获金融学硕士学位。在毕业后归国，目前就职于上海华通铂银交易市场有限公司。韩先生目前负责公司的交易风控，衍生品研究和结算管理。韩先生已经通过了CFA一级和FRM第一部分的考试。韩先生负责撰写了第五章和第六章。
施许燕 Xuyan Shi	**施许燕**毕业于美国杜兰大学，获金融学硕士学位。在学习期间，曾是麦克教授能源基础与交易课程的一名助教。在毕业后实习于纽约ClipperData有限责任公司，任能源数据分析师。施小姐主要负责分析北美能源公司的金融数据和产品数据。施小姐负责撰写了第二章。

< xii >

参考文献

President John Fitzgerald Kennedy, *John F. Kennedy Speeches*, http://www.jfklibrary.org/Research/Research-Aids/JFK-Speeches/American-Newspaper-Publishers-Association 19610427.aspx, 1961.

Learn-O-Rama, *Top 50 Social Sites for Educators and Academics*, http://www.dualmasters.org/top-50-social-sites-for-educators-and-academics.html, 2016.

Mack, Iris Marie, *Mama says, "Money Doesn't Grow on Trees!"* Xlibris, https://www.amazon.com/Mama-says-%20Money-Doesnt-%20Trees-%20ebook/dp/B00DH9NY5E?ie=UTF8&keywords=iris%20mack&qid=1464219653&ref_=sr_1_4&sr%20=8-4, 2004.

Mack, Iris Marie, *Mama says, "Money Doesn't Grow on Trees!"* Createspace, https://www.amazon.com/Mama-says-%20Money-Doesnt-%20Trees/dp/1456502905/ref=sr_1_5?ie=UTF8&qid=1464219653&sr=8-5&keywords=iris+mack, 2011.

Mack, Iris Marie, *Energy Trading and Risk Management: A Practical Approach to Hedging, Trading and Portfolio Diversification*, Wiley Finance, Singapore, https://www.amazon.com/Energy-Trading-Risk-Management-Diversification/dp/1118339339/ref=sr_1_1?s=books&ie=UTF8&qid=1473991942&sr=1-1&keywords=iris+marie+mack, 2014.

OnlineMastersDegree, *25 Savvy Social Media Sites for Grad Students*, http://onlinemastersdegree.org/25-savvy-social-media-sites-for-grad-students/, 2011.

PhDProgramsOnline, *25 Useful Networking Sites for Grad Students*, http://www.phdprogramsonline.org/25-useful-networking-sites-for-grad-students.html, 2011.

Wheeler, Brian and Alex Hunt, "Brexit: All You Need to Know About the UK Leaving the EU," *BBC*, http://www.bbc.com/news/uk-politics-32810887, 2016.

< xiii >

第1章

简介

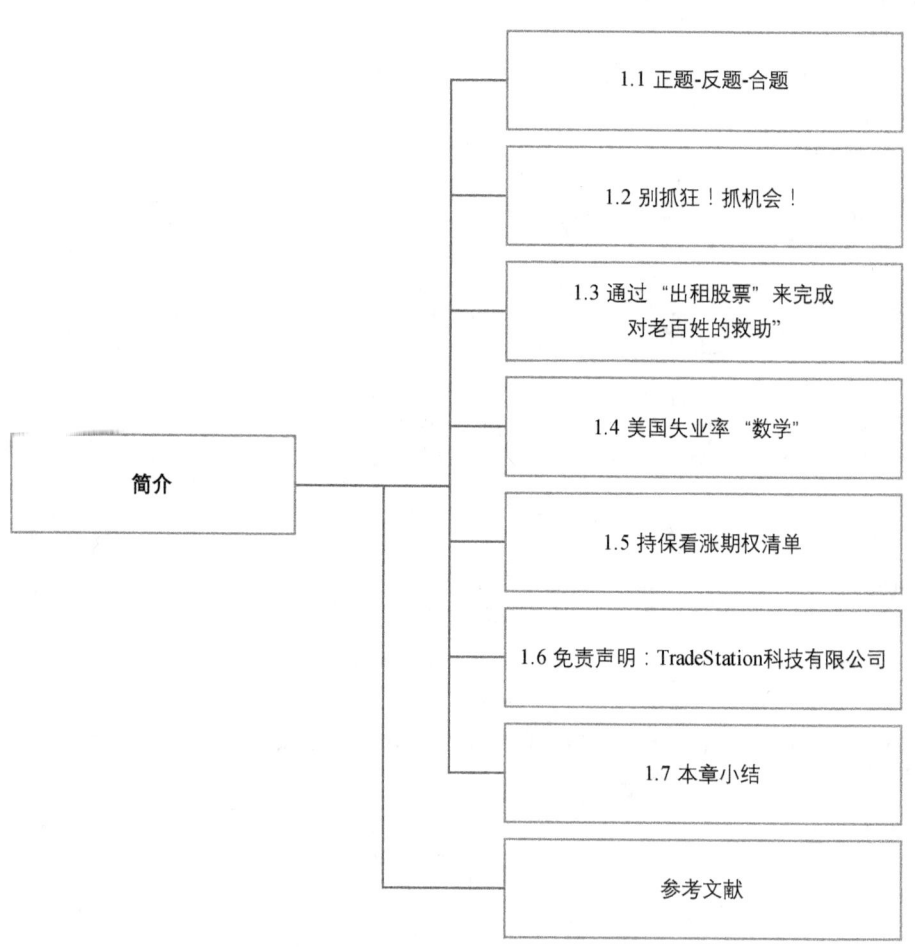

< 1 >

第1章

简介

1.1 正题-反题-合题

我们将借用著名的*黑格尔辩证法*，来构建本书的框架。黑格尔辩证法，是由19世纪德国哲学家格奥尔格·威廉·弗里德里希·黑格尔创立的。该辩证法最简单的表述即 "正题-反题-合题"（帕里斯Parrish，2014）。更具体点来说， *"变革领袖"* 思想就借用了黑格尔辩证法的思想：

1. 发现问题
2. 应对问题
3. 提供解决方案，尝试控制结果

如同在许许多多书籍，论文，新闻，电影等中记录的那样，2007至2009年的金融危机出现了大规模对银行和保险业的救助。我们使用黑格尔辩证法总结了一下此次金融危机与其后的救助行为，参见图1.1（伊利奥特Elliott，2011；哈德森Heddleston，2015）

图1.1：2007至2009金融危机与银行业救助

发现问题	应对问题	解决问题
2007至2009金融危机被认为是自19世纪30年代的大萧条以来，发生的最糟糕的一次危机。	财政部长汉克·保尔森，美联储主席本·伯南克等人声称此次危机影响重大，威胁到了那些大而不倒的银行。	救助本土银行，国际银行和其他一些金融机构（美国纳税人的爱心之举）： 1.美国财政局拨款数十亿美元进行救助 2.美联储拨款数万亿美元进行救助

< 2 >

许多人可能注意到了美国财政部对于银行业的数十亿美元的救助，但他们可能没注意到数以万亿来自美联储的救助。在第二章中，我们将以旁观者的角度详细讨论下这些救助行为。

1.2 别抓狂！抓机会！

我认为大多数人都会同意对银行的救助对于99%的老百姓毫无帮助。尽管我发现可能自己也一次又一次对中层和底层人民需要救助这些富人这件事而感到愤怒，我还是决定先发制人采取行动，努力帮助更多老百姓也弄点救助。

当有人问我简要描述下这本书中探讨的防弹策略（Bulletproof），我常常开玩笑对他们说——这就是高速公路上的抢劫！此外，我在本书中可以教大家的可以被归纳为以下三点：

1. 我在本书中所教你的策略是完全**合法**的！为什么这么说呢？因为华尔街所饲养的银行家，说客还有律师们都会跑去国会山，以确保那些银行家们干的勾当是完全合法的（达扬Dayen，2015）。

2. 本书中所教的操作策略也是极好的。毕竟，华尔街的交易员也在用这种策略。高盛集团的CEO劳尔德·贝兰克梵（Lloyd Blankfein）甚至声称他们这是在**替天行道**（菲利普斯Phillips，2009）。

3. 本书中所要教的操作策略仅仅局限于一种金融合约，并且这可以使你尽可能快的**赚钱**。

但是在教授之前，我需要在之后的章节中定义并阐释一些关于金融市场的知识和交易中会遇到的概念。**任何普通人都可以帮他们自己去分一杯华尔街的羹**，以至于让他们不必对更多银行救助（或者，银行自救）抓狂。音乐总有停下来的一刻，派对总有结束的时候，市场也终有崩塌的一天（伯格Berger，2016）。

< 3 >

别抓狂！抓机会！不要再浪费宝贵的时间对华尔街的银行家们不满了，抓住机会报复他们！学会一些他们"合法的"保守交易策略，然后在他们的地盘上操作。一旦你做了这些，你就会变得更加强大也更加有钱，足以改善你和家庭当前的经济状况。为什么要让华尔街的银行家们玩弄老百姓，让他们为非作歹！赶紧加入我们的行列并且行动起来！

1.3 通过"出租股票"来完成对老百姓的救助

许多股票投资者都是买了股票然后希望股价涨涨涨，而不是慵懒的对自己的投资组合不管不问。但是，并不是所有的股票都如同我们所期望的那样给我们收益。别担心，股票投资者们可以利用这些缓慢上涨甚至停滞不涨的股票来获得额外收益。对，就是将这些闲散的股份租出去。这些股票出租为股票市场提供了流动性，确保了市场上一直有足够的买家和卖家。

> **简单的类比**：聪明的房地产投资者是从来不会让自己的房产空置的。他们会竭尽所能把空房租出去获得收益。同样的，股票投资者也可以将他们的股票"租"出去。就是使用本书所讨论的防弹策略。

在图1.2中，你可以看到我们在接下来的章节想要讨论的内容：通过**持保看涨期权（Covered call options）**来**出租股票**。这种期权可以让投资者获得额外的现金流收益。这种策略十分安全，事实上，它十分适合大多数养老账户。当你读完了本书，你也会认同持保看涨期权当之无愧是一种防弹策略！

< 4 >

图1.2：通过出租股票来完成对老百姓的救助

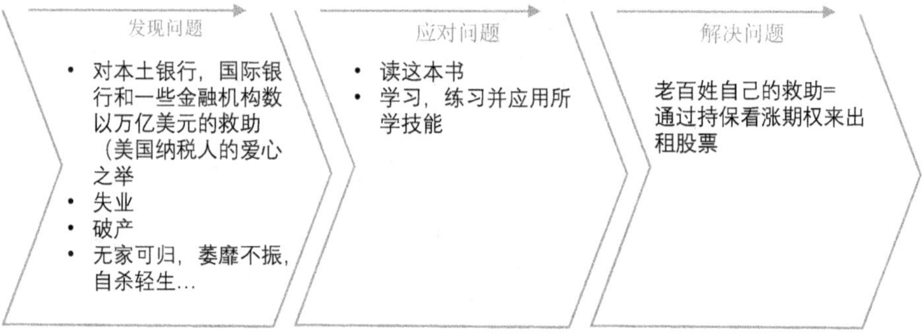

发现问题

- 对本土银行，国际银行和一些金融机构数以万亿美元的救助（美国纳税人的爱心之举）
- 失业
- 破产
- 无家可归，萎靡不振，自杀轻生…

应对问题

- 读这本书
- 学习，练习并应用所学技能

解决问题

老百姓自己的救助=通过持保看涨期权来出租股票

1.4 美国失业率 "数学"

几年前，我曾写过一篇短文，是关于一些美国劳工统计局（BLS）的经济学家和统计学家使用创造性分析法来计算美国的官方失业率的（麦克Mack，2011）。实际上，每个月美国政府都汇报了一些十分有趣的失业率 "数学"。这里给大家一个例子。

例：在2016年10月7日，美国劳工统计局汇报了当月失业率数据，如表1.1所示。

表1.1：美国失业率"数学"（2016年10月7日）

"参加工作"的美国劳动力人数	"未参加工作"的美国劳动力人数	"官方"失业率
159,907,000 （在254,091,000人中16岁及以上美国人）	94,184,000 （在254,091,000人中16岁及以上美国人）	
62.9%	37.1%	5.0%

< 5 >

一方面，美国劳工统计局锣鼓震天的宣布官方失业率只有5%。然而另一方面，它却汇报约37.1%的大于16周岁的美国公民没有"参加"工作。

注：美国劳工统计局判断一个人"参加"工作的标准为一个人持有一份工作或正在寻找一份工作。

你可能会好奇为什么我要给大家呈现美国劳工统计局的数据呢？因为，稳妥点来说，许多老百姓都可以利用这种救助，尤其是美国2016年10月汇报的37.1%非劳动人口。所以，如果94,184,000的美国人拥有计算机切可以连接互联网，那么他们中许许多多的人都可以学会如何利用本书中所探讨的交易策略，习得新的技能乃至获取利润。

1.5 持保看涨期权清单

当你读完这本书时，你应该对如何出租股票及获取救助有了基本且全面的认识。如果你初入金融市场，我们建议你一次至多只学习一个章节。此外，与志同道合的朋友一起学习，进行实际操作或者加入书友会都可以让你事半功倍。

为了巩固你的学习进程，我们在你的每一次学习过程中都会提供各种资源和一些金融信息。你可以在我们的官网www.MainStBailout.com中找到相关内容。我们特别在官网提供了一份**持保看涨期权清单**以供参考。该清单对于几乎任何人和任何群体都有用，包括但不局限于投资俱乐部，书友会，个人投资者，交易员，教师，学生，工作室服务商，家庭主妇，上流社会人士，单亲家长，退伍老兵等等一切想得到华尔街人救助的老百姓。

< 6 >

1.6 免责声明：TradeStation科技有限公司

TradeStation授权我们合法使用本书中的平台截屏，数据以及交易案例。在截屏中使用的技术和方法以及案例都是最为实用的。任何投资和交易建议，推荐以及期权都是仅供参考的。我们保留所有解释权。

1.7 本章小结

在本章中，我们向读者呈现了本书中所讨论的防弹策略的一些动机。在本章中，我们探讨了：

* ❖ 黑格尔辩证法：正题-反题-合题
* ❖ 2007至2009年间的金融危机
* ❖ 对于老百姓和华尔街人的救助
* ❖ 防弹交易策略：出租股票
* ❖ 持保看涨期权策略
* ❖ 失业率 "数学"
* ❖ TradeStation免责声明
* ❖ 持保看涨期权清单
* ❖ www.MainStBailout.com

< 7 >

参考文献

Berger, Rob, "How to Prepare for the Coming Stock Market Crash," *Forbes Magazine*, http://www.forbes.com/sites/robertberger/2016/07/29/how-to-prepare-for-the-coming-stock-market-crash/#693f0c21327a, 2016.

Dayen, David, "Wall Street Pays Bankers to Work in Government and It Doesn't Want Anyone to Know," *New Republic*, https://newrepublic.com/article/120967/wall-street-pays-bankers-work-government-and-wants-it-secret, 2015.

Elliott, Larry, "Global Financial Crisis: Five Key Stages 2007-2011", *The Guardian*, https://www.theguardian.com/business/2011/aug/07/global-financial-crisis-key-stages, 2011.

Huddleston, Tom, Jr., "These 7 Movies Tell the Real Story Behind the Financial Crisis," *Fortune Magazine*, http://fortune.com/2015/12/27/big-short-wall-street-movies/, 2015.

Jones, Susan, "94,184,000 Not In Labor Force; Labor Force Participation Rises; Unemployment Rate Ticks up to 5.0," *CNS News*, http://cnsnews.com/news/article/susan-jones/94184000-not-labor-force-labor-force-participation-rises, 2016.

Mack, Iris, "Unemployment 'Math': Statistical Lies," *Huffington Post*, http://www.huffingtonpost.com/iris-mack/unemployment-math-statist_b_819783.html, 2011.

Parrish, Brent, "Hegelian Dialectics for Dummies," *The Right Planet*, http://www.therightplanet.com/2014/01/hegelian-dialectics-for-dummies/, 2014.

Phillips, Matt, "Goldman Sachs' Blankfein on Banking: 'Doing God's Work,'" *The Wall Street Journal*, http://blogs.wsj.com/marketbeat/2009/11/09/goldman-sachs-blankfein-on-banking-doing-gods-work/, 2009.

< 8 >

第 2 章

来自老百姓和美联储的银行紧急救助

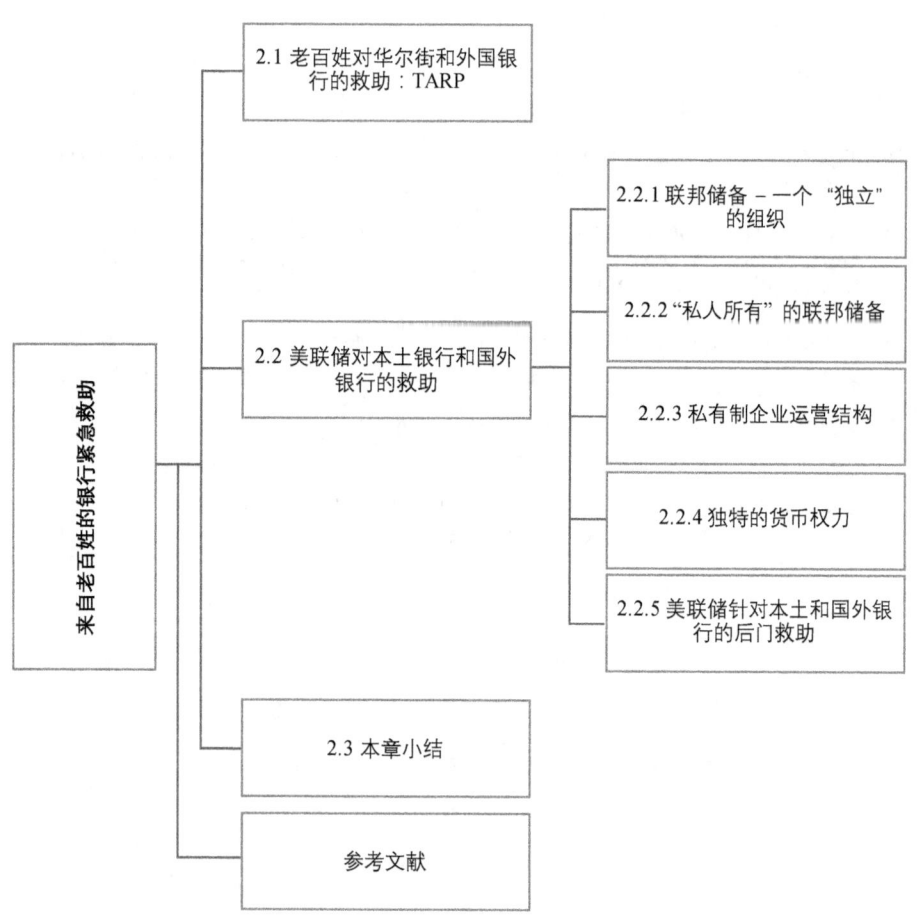

- 来自老百姓的银行紧急救助
  - 2.1 老百姓对华尔街和外国银行的救助：TARP
  - 2.2 美联储对本土银行和国外银行的救助
    - 2.2.1 联邦储备 – 一个 "独立" 的组织
    - 2.2.2 "私人所有" 的联邦储备
    - 2.2.3 私有制企业运营结构
    - 2.2.4 独特的货币权力
    - 2.2.5 美联储针对本土和国外银行的后门救助
  - 2.3 本章小结
  - 参考文献

< 9 >

第 2 章

来自老百姓和美联储的银行紧急救助

2.1: 老百姓对华尔街和外国银行的救助：TARP

> 自2008年次贷危机以来，美国政府已经为上百家银行，一些保险公司和汽车制造商提供财务救助，作为7000亿救助计划–问题资产救济项目 *Troubled Asset Relief Program (TARP)* 的一部分.

自2008年次贷危机以来，美国政府已经为上百家银行，一部分保险公司和汽车制造商提供财务救助，作为7000亿救助计划 – 问题资产救济项目Troubled Asset Relief Program (TARP)的一部分。有些公司已经偿还给政府，还有许多公司声明他们打算偿还 (Ericson, 2009)。

在图2.1中，我们总结了TARP救助项目的接受方。

表图2.1: **TARP 救助资金去向分解 (Ericson, 2009)**

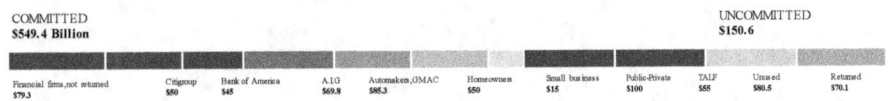

COMMITTED $549.4 Billion									UNCOMMITTED $150.6	
Financial firms,not returned $79.3	Citigroup $50	Bank of America $45	A.I.G $69.8	Automakers,GMAC $85.3	Homeowner $50	Small business $15	Public-Private $100	TALF $55	Unused $80.5	Returned $70.1

< 10 >

TARP救助项目官方称为紧急经济稳定法案2008. (Emergency Economic Stabilization Act, 2015) 经财政局秘书亨利·保尔森, 美联储主席本·伯南克, 美国证券交易委员会主席克里提蒂夫·考克斯、国会领袖和布什总统间磋商, 试图起草一项提议, 为非流动资产带来的问题提供综合解决方案。2008年9月19日公布的法案使得一些股票、债券和外汇市场得以平稳运行 (Emergency Economic Stabilization Act, 2008)。

TARP 救助项目官方称为紧急经济稳定法案2008.

不少人以为TRAP救援项目的钱来自美国纳税人和政府借款。直到2011年, 美国政府的每一美元花费中, $0.43美元是借的。这个比率是1980年的四倍。2007年至2011年期间, 这个比率已经升高至$0.38美元。换句话说, 美国政府借越来越多的钱用来救助那些大银行, 但是对普通人来说没有任何好处(de Rugy, 2011)。美国政府花下巨额的成本救助, 主要想让这些大银行持有住房抵押贷款贷方的债务。然后, 这应该帮助经济体实现现金的流通, 然后帮助投资者重拾对银行系统的信心。

直到2011年, 美国政府花费的每一美元有43美分是借的。这个比率是1980年的四倍。

衍生品

表2.1展示了美国五大银行的资产和全部衍生品债务敞口。我们可以很清楚的看到, 这些大而不倒的银行持有至少是资产30倍以上的衍生品 (Snyder, 2015). 莫非另一场危机要到来了?

表 2.1: *几家"大而不倒"银行的资产和衍生品负债*

	资产总额	衍生品敞口总额
摩根大通	$2.6 万亿	$63 万亿
花旗银行	$1.8 万亿	$59 万亿
高盛集团	小于 $1 万亿	$57 万亿
美国银行	$ 2.1 万亿	$54 万亿
摩根士丹利	小于 $1 万亿	$38 万亿

< 11 >

一个非常显而易见的疑问是：美国政府是否有资源继续救助问题企业、银行和保险公司？许多投资者、纳税人和经济学家不这么认为。自从2008年以来，美国已经变得过分扩张，承担了数以万亿的美元负债，因此，未来不会再有资金去进行巨额救助了(Davis, 2008)。对美国债务最新的估计为19万亿美元(U.S. National Debt Clock, 2016).

对美国债务最新的估计为19万亿美元(U.S. National Debt Clock, 2016).

不仅如此，这些救助的巨额成本没能提供给经济、投资者、纳税人同样多的好处 (Boyd, 2012)。而且不幸地是，自从2008年政府救助之后，"那些大而不倒银行" 变得越来越大。这些救助和持续无尽的衰退导致银行失去公众信任 (Newman, 2011)。此外，由于经济还没有从上一次经济危机中复苏，很多专家认为我们未来还要经受一次更大的经济危机。所以，政府下一次将会做什么？银行怎样得到救助？当然，谁来救助我们？是个人投资者？是中小企业主？还是纳税的老百姓？

最新的银行资产集中度展示在图2.2.中。我们已经看见很明显的集中趋势，而且这个趋势似乎在接下来的几年内不会停止 (FRED, 2015)。

图2.2: 五家银行资产集中度

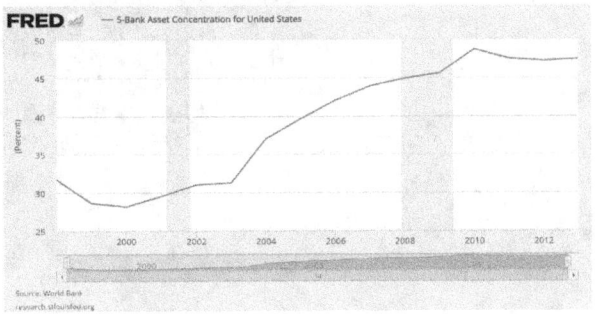

< 12 >

2008年的救助也没有受到政治上的欢迎。许多批评家坚持认为政府不应该插手自由市场的动态。此外，这使很多人相信政府的角色是保护投资者和银行客户的利益 (Nielsen, 2008)。

> *2010年5月，在一次抑制希腊财政危机迅速增长的尝试中，欧盟和国际货币基金组织IMF提供了1100亿欧元 ($1200亿美元) 救助。*

银行救助不仅仅发生在美国，也发生在欧元区 (Katz, 2010)。2010年5月，在一次抑制希腊财政危机迅速增长的尝试中，欧盟和国际货币基金组织 IMF 提供了1100亿欧元 ($1200亿美元) 救助，来换取希腊政府同意实施相当于14%希腊GDP的紧缩计划。2015年8月，欧元区财政部长为希腊签署了一项€860亿欧元的救助计划 (相当于$950亿美元)，试图为希腊埋单、使其经济复苏(Christie, 2015)。 主权债务危机使欧元区不再是一个实现未来稳步增长的可持续联盟(European Sovereign Debt Crisis, 2009)。偿还数十亿的救助超出了预期。若救助没有任何积极的进展，希腊经济将继续崩塌，投资者将会再一次受苦。

主权债务

主权债务指一个国家发行的以外币计价的债券，为了发行国的发展进行融资的行为 (主权债务定义，Investopedia)

个人投资者或普通人能从华尔街救助中获益吗？不幸的是，对很多人来说，答案是不能。自从2008年，数百万人失去工作、家庭、养老金计划、存款以及年轻一代对美好未来的憧憬。数十亿民众和投资者感到愤怒、无助。这种情绪一时可以理解，但长期来看会起反作用。 你不能恼火了，应该去"报仇"！你可以学几招交易技能去赚华尔街的钱！没错，在接下来几章中，我们将会讨论如何让对华尔街的救助受益于普通人！

< 13 >

2.2: 美联储对本土银行和外国银行的救助

这章接下来的部分，我们将讨论本土银行和国外银行接受美联储的秘密后门救助。然而在介绍之前，我们需要花费一些时间讨论美联储是做什么的，以及这个组织是如何构造的。

2.2.1: 联邦储备——一个"独立"的机构

你可能已经对这一部分的标题感到相当惊讶。你没准在想：美联储不应该是一个政府部门吗? 我打赌大多数人持有和你一样的想法。很不幸，**这种观点是错的! 这有一些专家如何看待美联储的例子：**

> 美联储已经秘密运行了超过一个世纪，为精英谋利，还损害民众的利益。(Paul, 2015)

> 联邦储备系统不是联邦的，也不是储备；它不是一个系统，倒不如说是一个犯罪财团。它完完全全私人所有，虽然它力求看起来像政府机构的样子。(Mullins, 1983)

> 美联储是美国资产转移的关键部分。在宏观经济管理的伪装下，它通过通货膨胀持续地重新分配巨额财富。财富转移的牺牲者是普通美国人。受益人是政府和精英阶层(Sanchez, 2016)

美联储已经秘密运行了超过一个世纪，为精英谋利，并损害民众的利益。
(Paul, 2015)

< 14 >

美联储公开网站上澄清他们是一个独立主体，不被任何美国政府或立法机构操控。它也特别在网站上强调："它（美联储）不被任何人拥有，也不是一个**私有的盈利的**机构。"（"谁的美联储？"*联邦储备系统管理委员会*，2013）。

余下这章里，我们将一步步脱掉美联储的伪装。让我们从不同方面分析美联储的潜在结构。

2.2.2: "私人所有"的联邦储备

一个最重要的能把对美联储"所有权"讨论弄糊涂的就是区域性的联邦储备银行发行股票给它的"成员银行"。

区域性的联邦储备银行

> **区域性联邦储备银行**的定义：联邦储备系统的一个重要部分。该系统由12个分布在全国的区域性联邦储备银行组成：包括亚特兰人，波士顿，芝加哥，克利夫兰，达拉斯，堪萨斯城，明尼阿波利斯，纽约，费城，里士满，旧金山和圣路易斯。(图2.3) 这12个区域性联邦储备银行由国会成立，作为国家中央银行的左膀右臂进行运作。(Federal Reserve Act, 1913)

图2.3: 12个区域性联邦储备银行 (Federal Reserve Act, 2016)

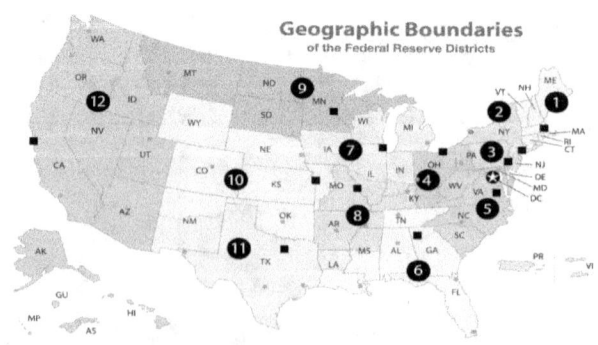

< 15 >

成员银行

成员银行的定义：联邦储备法案要求所有国家性特许银行通过购买联储银行在该区的资本股票加入联邦储备体系。但是，对于州特许银行，美联储提供是否加入联储系统的选项，意思是所有州特许银行可以决定是否成为"成员银行"中的一员。成员银行要求购买的股票数量和银行的规模成比例。(Federal Reserve Act, 1913)

换言之，加入联邦储备体系并成为一名成员银行的方法就是做一名股东或一个地区性联邦储备银行的拥有者。商业银行越大，它拥有的股份越大！

成员银行的一个例子：假设在路易斯安那州新奥尔良成立一个新的全国性银行，暂且叫*NOLA银行* (NOLA, New Orleans Louisiana)。亚特兰大联储的新奥尔良分支坐落于新奥尔良市查尔斯大道525街。这是亚特兰大美联储五个分支之一。所以，为了和新奥尔良商业银行们做生意，*NOLA银行*必须通过购买一定数量的亚特兰大联储股票，成为"所有者"之一。要求购买的股票数额取决于*NOLA银行*的规模。因此，*NOLA银行*将变成亚特兰大联储的一个股东。

< 16 >

很显然，Eustace Mullins 看穿了美联储隐藏在烟雾下的真相，正如他在《*The Secrets of the Federal Reserve*（美联储的秘密）》一书中写道：美联储完全是伪装成政府机构的一个私人拥有的实体。(Mullins, 1983) 此外，他列举了当时美联储的前八大股东：

1. 花旗银行 Citibank
2. 大通曼哈顿银行 Chase Manhattan Bank
3. 摩根信用担保公司 Morgan Guaranty Trust
4. 化学银行 Chemical Bank
5. 汉诺威制造信托 Manufacturers Hanover Trust
6. 美国信孚银行 Bankers Trust Company
7. 北美国民银行 National Bank of North America
8. 纽约银行 Bank of New York

根据Mullins的说法，这些美国机构在1983年拥有合计63%的纽约联邦储备股份。然而，大多数上述列举的美国银行实际上都是几个欧洲银行组织所拥有。这些银行组织主要是英国的，其中最显赫的要数罗斯柴尔德银行世家。由于纽约联储的成员银行自主选举他们的董事会董事，伦敦康奈克申俱乐部 (The London Connection)，一个欧洲的银行俱乐部，能够通过他们拥有的美国银行自主选举的联储的董事，并且最终控制整个联邦储备系统 (Mullins, 1983)

如果你怀疑Mullins的理论，让我们看一看美联储自己是怎样说的。纽约联储在1997年6月30日报告称他的最大的八个会员银行，即最大的股东是：

1. 大通曼哈顿银行 Chase Manhattan Bank
2. 花旗银行 Citibank
3. 摩根信托担保公司 Morgan Guaranty Trust Company
4. 富利银行 Fleet Bank
5. 信孚银行 Bankers Trust
6. 纽约银行 The Bank of New York
7. 马林-米德兰银行银行 Marine Midland Bank
8. 瑞丰银行 Summit Bank

< 17 >

大约14年后，这两个列表变得不完全一样了。然而1983年列表上的银行，五个有八个在1997年列表上，证明了Mullins在其著作中论证的有效性。

总之，区域性联邦储备银行被其成员银行私人拥有，且被几个欧洲金融机构通过对成员银行的所有权进行间接控制。

2.2.3: 私有制企业运营结构

美联储被认为是一个独立中央银行，因为它的决定不要求美国总统或美国政府的任何执行或立法分支批准。美联储因自治而创立，隔离于日常政治压力。例如，董事会成员要服务14年的任期，比很多总统和国会的任期都长。(Board of Governors of the Federal Reserve System, 2015)

美联储被认为是一个独立中央银行，因为它的决定不要求美国总统或美国政府的任何执行或立法分支批准。

此外，根据联邦储备法案第七款，联邦银行的资本股票了固定6%的股息，给了股东对美联储年利润的求偿权。(Federal Reserve Act, 1913) 一年仅仅6%在华尔街不被认为是大额利润。然而，大多数设法回收成本的生意和给他们股东一个有担保的6%的回报，被认为是盈利性企业。似乎，联邦储备是 "非营利" 的口号不那么真实。

简短案例研究: 在2014年，联邦储备分配的全部净收益是$996亿，其中$17亿支付资本股票的分红，$969亿汇回到美国财政部。(The Federal Reserve Annual Report of 2014) 比起$996亿，$17亿似乎看起来不像大数目。但是请想一想！$1,700,000,000 是这个 "企业" 付出的红利！是的，而且联邦储备声称是一个 "非盈利组织" 。

< 18 >

另一件令联邦储备银行"所有权"状况混乱的事情就是其经营结构。12个区域性联邦储备银行的运作更像私人公司，每个都有自己的九个董事会成员。（图 2.4）其中6名董事由各联邦储备区成员银行选举产生，其余3名董事由理事会任命。大多数联邦储备银行至少有一个分行，每个分行都有自己的董事会。分行大部分董事由联邦储备银行任命，其余分行董事由理事会任命。该系统结构与私人公司完全相同。(Board of Governors of the Federal Reserve System, 2013)

图2.4: 联邦储备董事会和企业制结构

2.2.4: 独特的货币权力

< 19 >

它 [联邦储备]有权印刷和发行货币，传统的君主的特权。它可以为战争提供融资。它作为一个货币垄断者，拥有对人民的一切资金和信贷的全部权力。(Mullins, 1983)

它 [联邦储备]有权印刷和发行货币，传统的君主的特权。它可以为战争提供融资。它作为一个货币垄断者，拥有对人民的一切资金和信贷的全部权力。(Mullins, 1983)

美国印刷局（BEP）是美国财政部的一个部门，负责印刷美国货币并向美联储交付资金。 每年，BEP打印数十亿美元的联邦储备券，交付给美联储。 然后美联储需要最终决定要多少钱放进这个经济体系里流通，不需要美国总统或国会的批准。 (Hamrick, 2013) 此外，美联储在现代社会中已经变得更加技术创新。 现在，这些钱不再需要在日常交易中以实体形式出现。 大多数企业和消费者都依赖支票，借记卡和信用卡，以及交易的账户转移。 因此，货币创造也不一定是以实体形式。 换句话说，美联储可以通过在计算机上的某些帐户中输入数字来创建新的货币。(Money Creation, 2016)

美联储使用的最常见的货币政策工具是公开市场操作。

公开市场操作

公开市场操作 (OMO)的定义: 公开市场操作指中央银行向私人主体（如商业银行）购买和出售金融资产，如国库券，政府债券或外币。 购买这些资产导致货币进入市场流通，而出售这些资产则可以消除流动的货币。 通常，公开市场操作用于针对具体的短期利率。 (Money Creation, 2016)

美联储购买或出售的国债的时间和数量完全取决于美联储本身。没有其他部门，机构或个人可以控制这个过程。

< 20 >

我们来看看一个关于美联储如何将资金流入美国经济的案例研究。

政府的戏法 Shell Game (图2.5): 假设美国政府需要一定数额的钱, 比如$2亿美元, 用来支付目前的支出 (官僚工资, 武器采购, 福利金等) 。 由于公众对税收的容忍程度有限, 我们称之为山姆大叔的美国政府, 必须召唤美联储使用其印钞力量。

首先, 山姆大叔要求财政部向像Goldman Sachs这样的投资银行发行债券, 以筹集资金。发行债券基本上等同于写在一张纸上: "我欠你2亿美元" 。然后, 高盛通过购买债券把钱借给政府。高盛向山姆大叔的分类帐上转移了$2亿美元, 作为交换, 山姆大叔向高盛提供了一张$2亿美元的国债, 这表明财政部欠下高盛2亿美元加利息。当山姆大叔得到这个2亿美元后, 他将用它来支付账单, 支票或转账到其他账户。 钱从高盛到山姆大叔, 然后到借钱给山姆大叔的公众。 这实际上就是货币如何在经济中流通的.

此时美联储玩起了把戏。现在美联储发现高盛正在出售$2亿美元的国债, 打算购买债券。 所以美联储打算付高盛$2.05亿美元来购买债券, 并给高盛一点利润。 但美联储采用自己的付款方式, 即直接在高盛分类账上写 "贷$2.05亿美元现金" 。 高盛有$2.05亿美元存入其联邦储备银行的账户, 本金为$2亿美元, 利润为$500万美元。 此时, $2.05亿美元进入市场, 因为高盛将以正常业务的方式使用这笔钱, 比如说借给客户。

< 21 >

之后，每当高盛从美联储的账户中取钱时，美联储就印点钞票给高盛。 这样，BEP印刷的新货币便可以在经济中流通。 对于目前来说，高盛已经完成了这个游戏，但是财政部还欠美联储债券本金加利息。(Sanchez, 2016)

但戏法就在这里，请记住，美联储在年底将其所有的利润贡献给财政部。 换句话说，财政部偿还美联储的本金和利息将随美联储的利润返还给财政部。这就像把你的钱从左口袋移到右边的口袋里，然后把它移回去一样！

现在，我们在表 2.2 和 图 2.5中来整理这个政府戏法：

表 2.2: *政府的戏法*

游戏参与者	前	后
美国政府	需要 $200M 财政支出	收到 $200M
财政部	发行 $200M 债券 （印纸）	欠美联储 $200M (美联储将利润返还给财政.)
高盛	借出 $200M	收到 $205M
美联储		从高盛买债券. (在高盛分类帐上打入 $205M) 财政部欠美联储$200M 加利息
市场		$205M 新钱进入美国经济体

< 22 >

总而言之，政府没花一分钱。财政部没花一分钱，美联储没花一分钱！但是，多了2.05亿美元在市场上流通，高盛获得500万美元的利润。这就是**通货膨胀**的产生！ 市场上的商品数量是相同的，但是用于购买商品的流通中货币却有所增加。因此，需要更多的钱来购买与之前相同的货物。但是从短期来看，工资不一定相应增加。这就是为什么我们的钱贬值，而山姆大叔和高盛越来越富！美国纳税人就是这个政府戏法的受害者！

图2.5: 政府的戏法

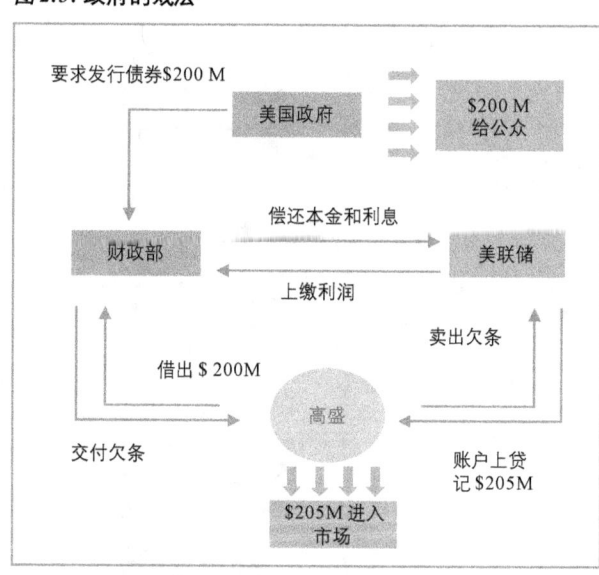

到目前为止，我们讨论了所有事情之后，你还以为美联储是一个独立组织的想法是不是太牵强了？

< 23 >

2.2.5: 美联储对本土和国外银行的后门救助

我们已经花了一些时间探讨了美联储的任务和其构架，现在我们来看看它对本土和国外银行的秘密后门救助。

我们在接下来的几个段落和表格中提出的内容绝对会让我们的读者感到震惊。 2008年次贷危机之后，美联储秘密地进行了世界历史上最大的银行救助。更糟糕的是，美联储在法庭上努力数载想让这些救助不被纳税人知道。许多纳税人仍记得本章开头讨论的数十亿美元的TARP救助。老百姓仍然很生气，美国政府花费了数百亿美元，救助了华尔街那些 "大而不倒" 银行，而TARP救助其实只是美联储向本土和国外银行提供 "救助" 的一小部分。

如表2.3所示，美联储在2007年至2010年期间向国内外银行提供了超过16万亿美元的几乎无息的款项。这笔数万亿美元的救助数据，在美国政府被美国责任署的一次部分审计中被揭露了出来。审计由国 "多德 - 弗兰克华尔街改革与消费者保护法" 授权执行 （Greenstein，2011） 。从某种角度看这个数字，再想想看2010年全年的美国国内生产总值只有$14.58万亿美元。另外美国国债总额已经超过$19万亿美元，并且仍在增加。(Snyder, 2011;Snyder, 2016; Webster, 2011)

< 24 >

表 2.3: 美联储对本土和国外银行的救助(Webster, 2011)

Dollar in billions Borrowing Parent Company	TAF	PDCF	TSLF	CPFF	Subtotal	AMLF	TALF	Total loans
Citigroup Inc.	$110	$2,020	$348	$33	$2,511	$1	-	$ 2,513
Morgan Stanley	-	1,913	115	4	2,032	-	9	2,041
Merrill Lynch & Co.	0	1,775	166	8	1,949	-	-	1,949
Bank of America Corporation	280	947	101	15	1,342	2	-	1,344
Barclays PLC (United Kingdom)	232	410	187	39	868	-	-	868
Bear Stearns Companies, Inc.	-	851	2	-	853	-	-	853
Goldman Sachs Group Inc.	-	589	225	0	814	-	-	814
Royal Bank of Scotland Group PLC (United Kingdom)	212	-	291	39	541	-	-	541
Deutsche Bank AG (Germany)	77	1	277	-	354	-	-	354
UBS AG (Switzerland)	56	35	122	75	287	-	-	287
JP Morgan Chase & Co.	99	112	68	-	279	111	-	391
Credit Suisse Group AG (Switzerland)	0	2	261	-	262	0	-	262
Lehman Brothers Holdings Inc.	-	83	99	-	183	-	-	183
Bank of Scotland PLC (United Kingdom)	181	-	-	-	181	-	-	181
BNP Paribas SA (France)	64	66	41	3	175	-	-	175
Wells Fargo & Co.	159	-	-	-	159	-	-	159
Dexia SA (Belgium)	105	-	-	53	159	-	-	159
Wachovia Corporation	142	-	-	-	142	-	-	142
Dresdner Bank AG (Germany)	123	0	1	10	135	-	-	135
Societe Generale SA (France)	124	-	-	-	124	-	-	124
All other borrowers	1,854	146	14	460	2,475	103	62	2,639
Total	$3,818	$8,951	$2,319	$738	$15,826	$217	$71	$16,115

Source: GAO analysis of Federal Reserve System data.

2.3: 本章小结

本章我们讨论了最近几次由美国纳税人出钱的银行救助：

❖ 通过TRAP项目对本土银行救助的数十亿美元资金，见本章第一节
❖ 美联储对本土和外国银行数万亿美元的秘密后门援助，见本章第二节

为了完成这个任务，我们说明了美联储为什么是一个 "私有的" 银行。 不幸的是，这些救助的最终受害者是 "我们（US，一语双关，也指美国）"，普通纳税人，所以，请继续阅读本书的剩余部分，了解如何使用 "持保看涨期权" 交易策略来保护自己免受美国政府和美联储的饕餮胃口！我们一步一步地教你如何以最小的风险赚取最多的利润，这样你们老百姓就可以得到来自华尔街的救助了。

< 25 >

参考文献

Board of Governors of the Federal Reserve System, "Membership of the Board of Governors of the Federal Reserve System, 1914-Present," http://www.federalreserve.gov/aboutthefed/bios/board/boardmembership.htm, 2014.

Board of Governors of the Federal Reserve System, "What does it mean that the Federal Reserve is "independent within the government"?," http://www.federalreserve.gov/faqs/about_12799.htm, 2015.

Board of Governors of the Federal Reserve System, "Who owns the Federal Reserve?," http://www.federalreserve.gov/faqs/about_14986.htm, 2013.

Boyd, J. H., & Heitz, A., "The social costs and benefits of too-big-to-fail banks: A "Bounding" Exercise," http://casee.asu.edu/upload/TBTF_AER_Final_New_Title.pdf, 2012.

Christie, R., "Euro area agrees on 86 billion-euro bailout deal for Greece," *Bloomberg,* http://www.bloomberg.com/news/articles/2015-08-19/euro-area-agrees-on-bailout-deal-for-greece-eu-commission-says, 2012.

Davis, M., "Top 6 U.S. government financial bailouts," http://www.investopedia.com/articles/economics/08/government-financial-bailout.asp, 2008.

de Rugy, V., "How much of federal spending is borrowed for every dollar?," http://mercatus.org/publication/how-much-federal-spending-borrowed-every-dollar, 2011.

Emergency Economic Stabilization Act of 2008, https://en.wikipedia.org/wiki/Emergency_Economic_Stabilization_Act_of_2008, 2015.

Emergency Economic Stabilization Act of 2008, Pub. L. No. 110–343 § 122 STAT. 3765, https://www.gpo.gov/fdsys/pkg/PLAW-110publ343/pdf/PLAW-110publ343.pdf, 2008.

Ericson, M., He, E., & Schoenfeld, A., "Tracking the $700 billion bailout," *The New York Times,* http://www.nytimes.com/packages/html/national/200904_CREDITCRISIS/recipients.html, 2009.

"European Sovereign Debt Crisis," *Investopedia,* http://www.investopedia.com/terms/e/european-sovereign-debt-crisis.asp, n.d.

Federal Reserve Act, 1913, "Federal Reserve Bank," *Wikipedia,* https://en.wikipedia.org/wiki/Federal_Reserve_Bank, 2016.

< 26 >

Flaherty, Edward, "Who owns and controls the Federal Reserve," http://www.usagold.com/federalreserve.html, 2001.

FRED, "5-bank asset concentration for United States," https://research.stlouisfed.org/fred2/series/DDOI06USA156NWDB, 2015.

Greenstein, Tracey, "The Fed's $16 Trillion Bailouts Under-Reported," *Forbes,* http://www.forbes.com/sites/traceygreenstein/2011/09/20/the-feds-16-trillion-bailouts-under-reported/#1241bd4e6877, 2011.

Hamrick, Mark, "5 myths debunked about the Federal Reserve," http://www.bankrate.com/finance/federal-reserve/myths-federal-reserve-1.aspx, 2013.

Katz, A., & Martinuzzi, E., "Greek deals hidden from EU probed as bonds show doubt," *Bloomberg,* http://www.bloomberg.com/news/2010-09-07/greek-debt-deals-hidden-from-eu-probed-as-400-yield-gap-shows-bond-doubts.html, 2010.

Lebor, A., "The Eurozone's death by a thousand bailouts," *Newsweek* http://www.newsweek.com/2015/08/14/death-thousand-bailouts-359147.html, 2015.

"Money creation," *Wikipedia,* https://en.wikipedia.org/wiki/Money_creation, 2016.

Mullins, Eustace, *The Secrets of the Federal Reserve,* 1983.

Newman, R., "Why you should worry about a "TARP Moment." http://www.usnews.com/news/blogs/rick-newman/2011/07/12/why-you-should-worry-about-a-tarp-moment, 2011.

Nielsen, B., "Economic meltdowns: Let them burn or stamp them out?," *Economic Meltdowns: Let Them Burn or Stamp Them Out?*, 2008.

Paul, Ron, *Don't be Fooled by the Federal Reserve's Anti-Audit Propaganda,* http://www.ronpaulinstitute.org/archives/featured-articles/2015/march/08/don-t-be-fooled-by-the-federal-reserve-s-anti-audit-propaganda/, 2015.

Political Research Associates, "Myth #5. The Federal Reserve is owned and controlled by foreigners," http://www.publiceye.org/conspire/flaherty/flaherty5.html, n.d.

Quintieri, David, *The Money GPS: Guiding You Through An Uncertain Economy,* 2012.

Roche, Cullen, "Here's Who Actually Owns The Federal Reserve," http://www.businessinsider.com/who-actually-owns-the-federal-reserve-2013-10, 2013.

< 27 >

Sanchez, Dan, "Understanding the Federal Reserve's Shell Game," https://mises.org/library/understanding-federal-reserve%E2%80%99s-shell-game, 2016.

Snyder, M., "Have You Heard About The 16 Trillion Dollar Bailout The Federal Reserve Handed To The Too Big To Fail Banks?," http://theeconomiccollapseblog.com/archives/have-you-heard-about-the-16-trillion-dollar-bailout-the-federal-reserve-handed-to-the-too-big-to-fail-banks, 2011.

Snyder, M., "The six too big to fail banks in the U.S. have 278 trillion dollars of exposure to derivatives," http://theeconomiccollapseblog.com/archives/the-six-too-big-to-fail-banks-in-the-u-s-have-278-trillion-dollars-of-exposure-to-derivatives, 2015.

Snyder, M., "Trump is Right – Here Are 100 Reasons Why We Need To Audit The Fed," http://www.thetradingreport.com/2016/02/24/trump-is-right-here-are-100-reasons-we-need-to-audit-the-fed/, 2016.

"Sovereign Debt," *Investopedia*, http://www.investopedia.com/terms/s/sovereign-debt.asp, n.d.

The Federal Reserve Annual Report of 2014, 2014.

U.S. National Debt Clock: Real Time., http://www.usdebtclock.org, 2016.

Webster, S.C., "GAO Fed Investigation," http://www.scribd.com/doc/60553686/GAO-Fed-Investigation#outer_page_144, 2011.

< 28 >

第 3 章

老百姓的救助

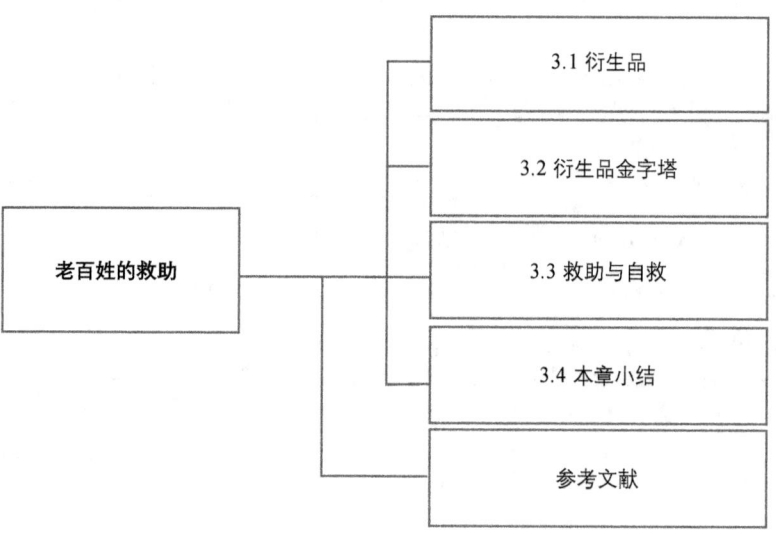

< 29 >

第 3 章

老百姓的救助

在我的能源交易课上最喜欢讨论的话题之一就是**持保看涨期权**策略了。当然，也许这只是我的最爱，我可怜的学生们也没法说他们不喜欢。因为他们想要通过考试就必须去喜欢（开个玩笑）。但是不管怎么说，我也问了我最厉害的学生们，让他们试图对一个孩子解释持保看涨期权的风险与收益。他们想出了许许多多机智又诙谐的答案。比如，我有一个MBA学生阿琼·瑞库玛（Arjun Sreekumar）就这样说到：

阿琼：嗨小朋友。持保看涨期权策略是赚钱的绝好方式。该策略包括：

❖ 买股票（买，可以译为buy或long）
❖ 同时卖出看涨期权（可以译为short/write/sell a call option）。

只要记住看涨期权给你权利，但不是义务，在未来以行权价格去买一只股票。

孩子：那持保看涨期权的风险与收益都是什么呢？

阿琼：持保看涨期权策略主要的优势是因为它可以提高收益。它的运作类似于：交易所为你已经拥有的股票支付你一部分费用。持保看涨期权尤其适用于股价略微上涨或停滞不前的时候。当股价大跳水的时候，股票上的亏损可能是巨大的，但同时，你的组合收益同样可能是巨大的。持保看涨期权策略收益的最大值是卖出看涨期权收入的期权费加上行权时股价和行权价格的价差。

< 30 >

孩子：我可以在罗斯个人退休账户中使用这种策略吗？

阿琼：当然可以。比起传统的经纪账户，在退休账户中使用持保看涨期权有一个巨大优势：当你退休时，你可以取走账户里的所有盈利而不用支付任何税务。也就是说，山姆大叔一毛钱都拿不走！

孩子：哇哦，阿琼。我觉得我已经可以在屋里坐着看电视，吐槽吐槽生活就好了。

阿琼：还是要好好上学呀！

这段阿琼与孩子之间的对话简要总结了我们想在本书中介绍的内容——可以带来收益的持保看涨期权。你可以把该策略看作是华尔街人对老百姓的救助。然而，在我们正式定义老百姓的救助前，我们需要掌握一些基础知识，比如期权市场的一些定义和一些术语。

3.1 衍生品

股票是广为人知的一种金融产品，这是一种比较简单直观的投资方式。然而，期权则完全不同。期权属于金融衍生品，是基于某些金融资产衍生而来的。如同麦克（Mack，2014）所说，衍生品在最近几年是广为探讨的定义之一。那么，什么是衍生品呢？

衍生品

定义：**衍生品**是一种金融产品。它的定价是基于某个或某些资产的价值或收益来决定的。这些为衍生品提供定价基础的资产叫作衍生品的标的资产。

< 31 >

用门外汉的话来翻译下就是：衍生品允许投资者投资其可能不拥有的资产，同时也会产生盈亏。

在麦克（Mack，2014）的著作《能源交易与风险管理》的第三章和第四章中，可以找到多种衍生品的定义，解析与讨论。在随后的章节中，也可以找到这些衍生品在对冲价格风险，投机与对赌中的应用。预要了解更多有关衍生品的理论，请参阅麦克（Mack，2014）的《能源交易与风险管理》与威尔莫特（Wilmott，1998）的《衍生品》。

3.2 衍生品金字塔

回忆一下，在第二章中我们讨论了美国财政部和美联储对银行业数以万亿美元的救助。尽管这次救助金额巨大，但是和衍生品市场的市值相比，这笔金额就十分逊色了。知名博主迈克尔·斯尼德（Michael Snyder）曾说：*什么时候美国的银行业会崩盘？我就说四个字。看衍生品*（斯尼德Snyder，2014a）。

美国经济学家约翰·埃克塞特（John Exter）一度十分担心天文数字搬倒全球债务。他曾因**埃克塞特金字塔**（Exter's Pyramid）而名声大噪。这个金字塔直观的描绘了各层级金融资产的风险和体量。在图3.1中，大家可以看到这个金字塔。其中，金融衍生品的市值已经是"保守"估计的了。全球衍生品的市值泡沫大约在1,500万亿到1,600万亿之间。所以，图3.1中的金字塔体系也绝非浪得虚名。（德登Durden，2009），（德登Durden，2015a），（莱德曼Lendman，2015），（梅尔Mayer，2008），（史奴伯曼Snoopman，2015），（统计网Statista，2016a），（统计网Statista，2016b），（美国国家债务时钟U.S. National Debt Clock，2016），（谢，2015）。

< 32 >

图3.1：埃克塞特金字塔：1,500万亿美元的衍生品泡沫

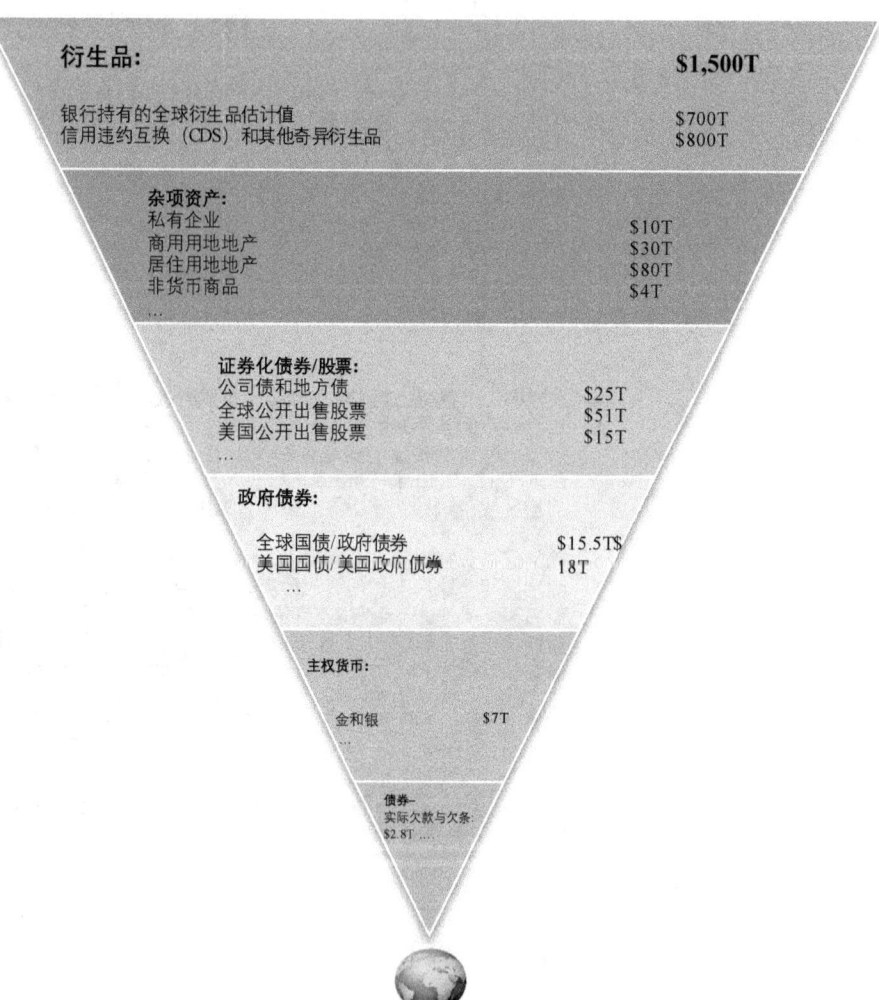

2016 全球 GDP: 大约 $74 万亿

< 33 >

更让人担忧的事实是，美国排名前五的银行所披露的资产负债表中，都记录了数以万亿美元的衍生品头寸，如表3.1所示。（斯尼德Snyder，2014b），（斯尼德Snyder，2015）和（德登Dueden，2015b）。

表3.1：美国排名前五银行的衍生品头寸

	Total Assets	Total Exposure to Derivatives
JP 摩根大通	$2.6 万亿	$63 万亿
花旗银行	$1.8 万亿	$59 万亿
高盛集团	少于$1 万亿	$57 万亿
美国银行	$2.1 万亿	$54 万亿
摩根士丹利	少于$1 万亿	$38 万亿

3.3 救助与自救

衍生品金字塔正在崩塌。我们的银行不可能一直维持这种不安全的债务。从表3.1银行的衍生品头寸中，我们可以得到当下的银行系统实际已经破产的结论。除了联邦存款保险公司外（FDIC），就好像美国的其他纳税人都在为如此高风险的资产提供最后一根救命稻草一样。（联邦存款保险公司FDIC.gov）

一旦衍生品金字塔分崩离析，这些华尔街的银行就需要某种形式的救助了。毫无疑问，给这些银行背锅的一定又是老百姓。当然任何未来可能的"救助"形式都会被伪装起来，新的政策法规也会出现以确保老百姓确实可以救助华尔街人。（卡特Carter，2014）（克里斯登森Christenson，2016）（德登Durden，2015b）和（库珀Kuepper，2016）。

❖ **救助**：当外部投资者（例如美国纳税人）通过注资方式拯救债务人偿还借债。我们在第二章中详细讨论过了各种银行业救助。

❖ **自救**：当债务人必须要承担某些义务时，让部分债务勾销。自救是破产的银行由内而外的资金重组方式。

< 34 >

银行自救案例：2013年3月16日，塞浦路斯宣布了其银行自救计划：

- 银行存款小于€100,000的账户中，6.75%被充公
- 银行存款大于€100,000的账户中，9.9%被充公
- 银行业更多法定假日公布

这次自救策略的实施消除了纳税人的部分风险，但是却强制让银行的客户们一起蒙受损失（库珀Kuepper，2016）和（德登Durden，2015c）。

设计出救助和自救两种模式的目的都是保证华尔街的银行可以正常运转——利用纳税人和银行储户来买单。不是所有的银行储户都能意识到一旦他们把钱存进了银行，银行就合法拥有这些储蓄的事实。你的钱归了银行，你也实质上成为了不受保障的、拿着欠条的债权人。而在自救发生时，你的欠条甚至被转化为了银行的权益。如果走运点的话，没准将来你可以把你持有的银行股票以一个"合理的"价格卖给其他人（贝恩斯坦Bernstein，2013）。

3.4 本章小结

在本章中，我们介绍了

❖ 特殊的金融衍生品——持保看涨期权操作策略的风险与收益
❖ 金融衍生品的定义
❖ 全球1,500万亿美元的衍生品泡沫
❖ 华尔街的自救

当我们了解了衍生品市场的一些知识之后，让我们着重研究一种特殊的金融衍生品——持保看涨期权。我们来看看这种策略如何让我们老百姓也可以得到华尔街人的救助。

< 35 >

参考文献

Bernstein, Leandra, "Dodd-Frank Kills: How the U.S. Joined The International Bail-In Regime." *Larouche Pac,* https://larouchepac.com/052613/bail-dodd-frank-kills, 2014.

Carter, Zach, "Wall Street Demands Derivatives Deregulation In Government Shutdown Bill." *Huffington Post,* http://www.huffingtonpost.com/2014/12/04/wall-street-government-shutdown_n_6272776.html, 2015.

Christenson, Gary, "The FDIC Can No Longer Ensure the Return of Your Deposits!" *Investment Watch,* http://investmentwatchblog.com/the-fdic-can-no-longer-ensure-the-return-of-your-deposits/, 2016.

Durden, Tyler, "The Fed's Nemesis: Exter's $2 Quadrillion Of 'Liquidity'." *Zero Hedge,* http://www.zerohedge.com/article/feds-nemesis-exters-2-quadrillion-liquidity, 2009.

Durden, Tyler, "Gold, The Fed, Exter's Pyramid – When John Exter Met Paul Volcker." *Zero Hedge,* http://www.zerohedge.com/news/2015-08-13/gold-fed-exter's-pyramid---when-john-exter-met-paul-volcker, 2015a.

Durden, Tyler, "Just When You Thought Wall Street's Heist Couldn't Get Any Crazier..." *Zero Hedge,* http://www.zerohedge.com/news/2015-10-25/just-when-you-thought-wall-streets-heist-couldnt-get-any-crazier, 2015b.

Durden, Tyler, "We've All Been Warned (the Cyprus "Bail-In" Model is coming to a Country Near You)." *Zero Hedge,* http://www.zerohedge.com/news/2015-10-28/weve-all-been-warned-cyprus-bail-model-coming-country-near-you, 2015c.

FDIC.gov, *Federal Deposit Insurance Corporation,* https://www.fdic.gov.

Kuepper, Justin, "What Is A Bail-In and How Does It Work?" *International Invest,* http://internationalinvest.about.com/od/glossary/a/What-Is-A-Bail-in-and-How-Does-It-Work.htm, 2016.

Lendman, Stephen, *Global Derivatives: $1.5 Quadrillion Time Bomb,* http://www.globalresearch.ca/global-derivatives-1-5-quadrillion-time-bomb/5464666, 2015.

Mack, Iris Marie, *Energy Trading and Risk Management: A Practical Approach to Hedging, Trading and Portfolio Diversification,* Wiley Finance, Singapore, 2014.

< 36 >

Mayer, Trace, J.D., *The Great Credit Contraction,* http://www.howtovanish.com/products-2/sales/42886/TGCC.pdf, 2008.

Snoopman News, *The Great Financial Wrecking Ball: How Western banks plan to confiscate savers' deposits,* http://snoopman.net.nz/2015/10/26/the-great-financial-wrecking-ball-how-western-banks-plan-to-confiscate-savers-deposits/, 2015.

Snyder, Michael, "The U.S. National Debt Has Grown By More Than A Trillion Dollars In The Last 12 Months." *The Economic Collapse,* http://theeconomiccollapseblog.com/archives/the-u-s-national-debt-has-grown-by-more-than-a-trillion-dollars-in-the-last-12-months, 2014a.

Snyder, Michael, "The six too big to fail banks in the U.S. have 278 trillion dollars of exposure to derivatives."
http://theeconomiccollapseblog.com/archives/the-six-too-big-to-fail-banks-in-the-u-s-have-278-trillion-dollars-of-exposure-to-derivatives, 2015.

Snyder, Michael, "5 U.S. Banks Each Have $40,000,000,000,000 In Exposure To Derivatives." *The Trading Report,* http://www.thetradingreport.com/2014/09/25/5-u-s-banks-each-have-40000000000000-in-exposure-to-derivatives/, 2014b.

Statista: The Statistics Portal, "Global GDP (gross domestic product) at current prices from 2010 to 2020 (in billion U.S. dollars)."
https://www.statista.com/statistics/268750/global-gross-domestic-product-gdp/, 2016a.

Statista: The Statistics Portal, "Public debt of the United States from 1990 to 2016* (in billion U.S. dollars)."
https://www.statista.com/statistics/187867/public-debt-of-the-united-states-since-1990/, 2016b.

U.S. National Debt Clock: Real Time., http://www.usdebtclock.org, 2016.

Wilmott, Paul, Derivatives: *The Theory and Practice of Financial Engineering, Wiley Frontiers in Finance Series,* Singapore, 1998.

Xie, Ye and Andrea Wong, "Once Over $12 Trillion, the World's Currency Reserves Are Now Shrinking." *Bloomberg,*
http://www.bloomberg.com/news/articles/2015-04-05/once-over-12-trillion-the-world-s-reserves-are-now-shrinking, 2015.

< 37 >

第4章

股票期权

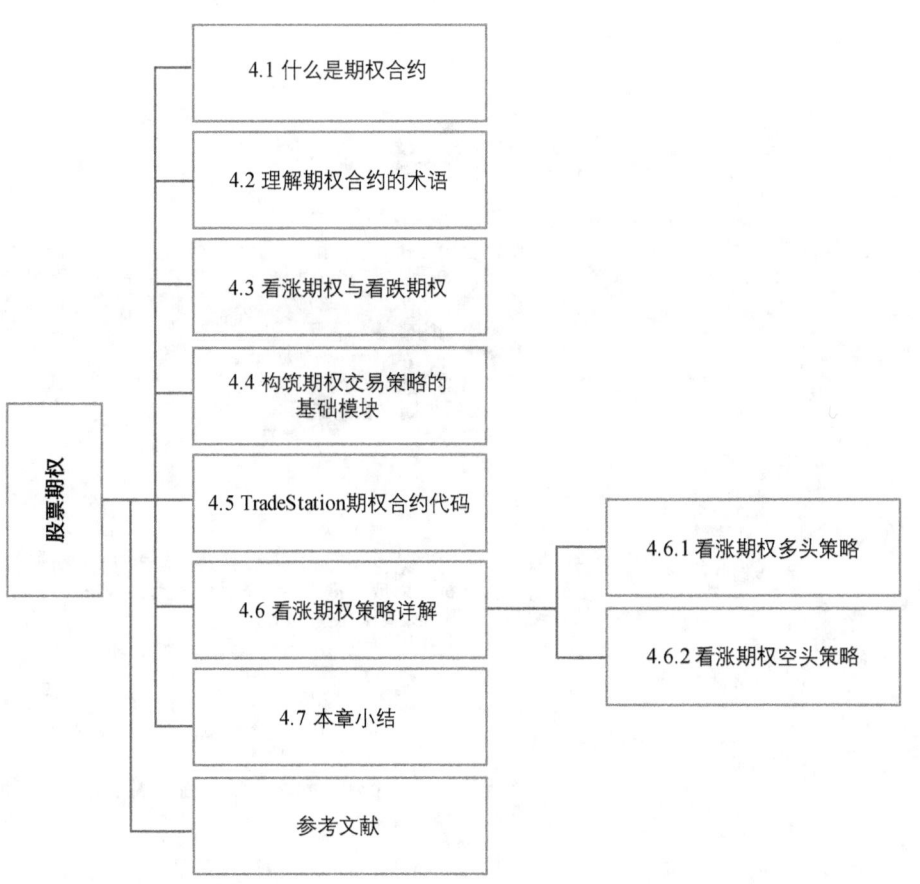

< 38 >

第4章

股票期权

在第3章中我们主要介绍和讨论了金融衍生品合约，主要包括：期权，期货，掉期等等，我们在本书主要介绍的金融衍生品是期权合约。

4.1 什么是期权合约

期权合约

期权合约: 期权合约是一种金融衍生品。卖出期权合约一方叫期权卖方 (*option writer*)，买入合约一方叫期权买方 (*option holder*)。期权合约提供给买方在某个特定时期内或某个特定日期，以约定价格，买入或卖出某种标的资产 (*underlying asset*) 的权利，但没有买入或卖出的义务。

注释: 根据期权合约的不同，这个"特定期间"可以是几天、几周、几个月、甚至几年。

一般来说，我们常见的金融资产，像股票、大宗商品、外汇、甚至房地产，都可以成为期权合约的标的资产。本书只关注股票期权，即以股票作为标的资产的期权合约(OCC, 1994; OIC, 2016)。这是由于就股票期权而言，投资者可能做到：

❖ 无论股价是上升、下降、还是持平，都能赚钱
❖ 止损
❖ 保护盈利
❖ 以相对小额现金投入控制大量股票

< 39 >

然而，请注意股票期权相对复杂，并且可能比其他金融资产风险更高。投资者有可能损失掉全部投资。当然，这取决于交易了什么类型的股票期权。为什么呢？因为有些期权策略可能在理论上是损失无限的。 为了帮助你避免这种灾难性损失，管理你的交易风险， 我们将系统地定义和展示各种专业术语、交易策略、范例、图表、实例分析，来帮助你在交易期权时承担可控的风险。更多关于期权风险收益的讨论将会在第七章介绍。

4.2 理解期权合约的术语

为了交易股票期权，你需要理解一些新的专有名词。这一部分，我们将会介绍几个期权的关键概念，让你开个好头。在本章4.5和4.6，这些关键概念将会用TradeStation上的交易代码、实时数据、图表来详细阐释。(Investopedia.com)

行权
Exercise

行权： 当期权持有者提出索要期权合约包含的权利时，这一行为叫做"执行"这个期权合约。

履约价
Strike Price

履约价： 履约价是事先约定好的期权持有者在履约时买入或卖出某股票的每股价格。履约价也叫行权价。

到期日
Expiration Date

到期日： 到期日在期权合约里是期权合约有效期的最后一天。根据到期日的不同，期权可以分成两类－欧式期权和美式期权：

< 40 >

欧式期权
*European
options*

美式期权
*American
options*

❖ **欧式期权** 只能在到期日执行

❖ **美式期权** 可以在期权合约有效期内任何一天执行。
交易所交易的大多数期权是美式期权。

期权费
Premium

期权费
期权买方为买入期权合约而**支付**的价格。期权费支付
给期权卖方，以每股标的股票为报价单位。合约一旦
卖出，期权费不可退还。
❖ 期权费也是期权卖方卖出期权合约而**收到**的收入。

多
Long

空
Short

多 vs. 空
❖ "多" 意味着拥有资产的所有权。例如，如果你买一
只股票，那么在你的资产组合，你是做多这只股票。
❖ "空" 意味着你在没有实际拥有的情况下，卖出金融
资产。我知道这很奇怪，需要想一会儿. 但是没错，
在金融市场上，你即便不拥有资产也可以卖！然而，
如果你做了这个冒险的交易，你日后可能得交付东
西或履行某个义务了。这取决于此交易涉及什么金
融资产和（或）金融合约条款。

未平仓头寸
*Open
Positions*

已平仓头寸
*Closed
Positions*

未平仓头寸和已平仓头寸
❖ 未平仓头寸是指已经建立或进入的还未被相反方向
交易轧平的交易。例如，一个未平仓头寸可能紧跟
着一个买入（做多）或卖出（做空）仓位出现。这
两种情况，除非做反向交易，否则该头寸一直存在。
❖ 已平仓头寸是在未平仓头寸基础上执行反向交易的
结果，从而使其无效，消除初始头寸。轧平一个多
头头寸，保险地做法是卖出；而安全地轧平一个空
头头寸则需要买入操作。

< 41 >

看多
Bullish

看空
Bearish

看多 vs. 看空
❖ 投资者认为金融资产价格随时间上涨，叫做**看多**。
❖ 投资者认为金融资产随时间下跌，叫做**看空**。

4.3 看涨期权和 看跌期权

股票期权分为两种：看涨期权和看跌期权。我们在表4.1中陈述这两种期权的定义。

投资者购买一张看涨期权合约，他即有权利（但没有义务）在某个期限内以某个特定价格购买100股股票。

Table 4.1: 买权和卖权的定义

看涨期权 (calls)	看跌期权 (puts)
投资者购买一张看涨期权合约，他即有权利（但没有义务）在某个期限内以某个特定价格买入100股股票。	投资者购买一张看涨期权合约，他即有权利（但没有义务）在某个期限内以某个特定价格卖出100股股票。
本质上，投资者有权利从某人手中买入股票。	本质上，投资者有权利从某人手中卖出股票。

就买权和卖权来说，买方（期权持有人）有权利自由决定是否执行期权合约。此外，卖方（期权卖出人）有义务履行这个权利。当然，如果有利可图的话，期权买方会执行合约。正如本章4.6所阐释的，这个收益取决于市场条件、标的股票价格和期权期限。

投资者购买一张看涨期权合约，他即有权利（但没有义务）在某个期限内以某个特定价格卖出100股股票

< 42 >

4.4 构建期权交易策略的基础模块

理解股票期权的基本策略，知道不同策略适用于哪种市场环境，这对长期权交易获利是十分重要的。构建期权策略的四个基础模块包括：

1. *买入看涨期权 Buy Call*
2. *买入看跌期权 Buy Put*
3. *卖出看涨期权 Sell (Write) Call*
4. *卖出看跌期权 Sell (Write) Put*

任何一种期权策略都是由一个或多个四个基本期权仓位组成的（也称期权的 "腿"）。这四个期权仓位可以组合成许多价差仓位（spread position），从而能够利用几乎任何市场情形来赚钱：

❖ 上涨行情
❖ 下跌行情
❖ 平静行情
❖ 波动率上涨
❖ 波动率下跌
❖ 其他市场情形…

此外，这四种期权仓位也提供独特的方式来管理和限制风险。本书将重点关注两个模块：买入看涨期权和卖出看涨期权。在表4.2中，我们详细介绍二者的不同之处。

< 43 >

表 4.2: 买入*看涨期权*和卖出*看涨期权策略*

期权策略	买入看涨期权	卖出看涨期权
定义	看涨期权买方有权利（但没有义务）在特定日期当天或之前以某个特定价格买入一定数量的股票。	看涨期权卖方有义务在特定日期当天或之前以某个特定价格卖出一定数量的股票。 一般有两种期权卖出策略： ***持保看涨期权（Covered Call）：*** 这种期权卖出策略发生的条件是，期权卖方一直拥有标的股票，并且想从这些股票中赚额外的钱。 ***无担保看涨期权（Naked Call）：*** 这种期权卖出策略发生的条件是，期权卖方不拥有标的股票，而直接卖出看涨期权合约。此策略风险很大，不适用于初级交易员，因为卖家有义务提供合约规定的一定数量的标的股票。
权利 vs. 义务	期权买方有权利采取行动	期权卖方有义务履行职责
看涨 vs. 看跌	看涨期权买家对标的股票行情是看涨的。因此，买方会从标的股价上涨中获利。	看涨期权卖家对标的股票行情是看跌的。因此，卖家会从标的股价下跌中获利。
潜在收益	收益无限	以收到的期权费为限
期权价	支付期权费	收到期权费
风险	以支付的期权费为限	损失无限

< 44 >

买入看涨期权是大多数交易员一开始交易期权时使用的策略。买入看涨期权可以替代直接买入标的，既可以限制风险，又可以增加杠杆。另一方面，卖出看涨期权是大多数交易员用来与其他期权或标的股票组合，来创造价差期权或持保看涨期权的策略。在本章4.6小节中，我们会介绍买入看涨期权 (*buy call*) 和无担保地卖出看涨期权 (*naked write call*) 策略。之后，我们会在接下来的章节详细阐述持保看涨期权 (*Covered Call*)。

4.5 TradeStation期权合约代码

我们非常感谢*TradeStation, Inc.*允许我们使用他们的交易平台来阐述书中的交易策略。在图4.1和4.2里，我们将展示***TradeStation期权合约代码*** (www.TradeStation.com)

图4.1: **TradeStation期权合约代码的构成**

The TradeStation options symbols consist of

❖ An underlying symbol root
❖ Followed by a 2-digit expiration year
❖ Followed by a 2-digit expiration month
❖ Followed by a 2-digit expiration day
❖ Followed by one character (either C or P) indicating the option type (Call or Put)
❖ Followed by the strike price
❖ Followed by an optional regional exchange designation.

图4.2: **TradeStation期权合约代码的格式**

Format of TradeStation Options Symbols

Composite Symbol Attributes	Composite Symbol
XYZ Corp., 7/20/2016 expiration, $30 Call	XYZ 160720C30
XYZ Corp., 7/20/2016 expiration, $29 Put	XYZ 160720P29
Regional Symbol Attributes	**Regional Symbol**
XYZ Corp., 7/20/2016 expiration, $30 Call, CBOE	XYZ 160720C30-CO
XYZ Corp., 7/20/2016 expiration, $29 Put, AMEX	XYZ 160720P29-AM

< 45 >

现在使用TradeStation期权合约的代码体系，让我们看一个例子。这是一个看涨期权，标的股票是阿里巴巴 Alibaba Group Holding Limited (NYSE:BABA). (图 4.3)

图4.3: 以阿里巴巴股票(NYSE: BABA)的看涨期权为例

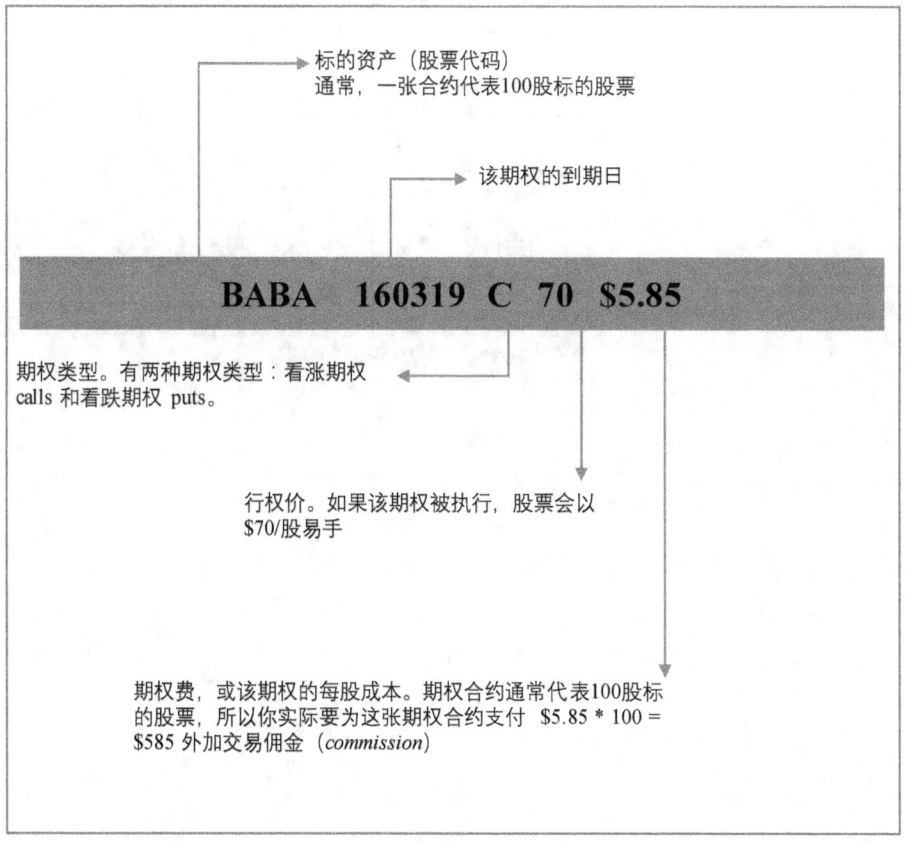

标的资产（股票代码）
通常，一张合约代表100股标的股票

该期权的到期日

BABA   160319   C   70 $5.85

期权类型。有两种期权类型：看涨期权 calls 和看跌期权 puts。

行权价。如果该期权被执行，股票会以 $70/股易手

期权费，或该期权的每股成本。期权合约通常代表100股标的股票，所以你实际要为这张期权合约支付 $5.85 * 100 = $585 外加交易佣金（*commission*）

< 46 >

4.6 看涨期权策略详解

4.6.1 买入*看涨期权*策略

假设一投资者认为阿里巴巴股价将会上涨。换言之，她看涨（*bullish*）阿里巴巴。目前，阿里巴巴的股价是每股$69.83。该投资者的基本面分析使她相信价值在当前价格之上。因此，她决定买进500股阿里巴巴放入自己的投资组合中。

该投资者决定买5张期权合约，合约于3月19日到期(表 4.3)。这些看涨期权会给予她在3月19日之前或当天、以每股$70的价格买进500股阿里巴巴的权利（但没有义务）。请注意这是一张美式期权（本章4.2）。TradeStation里的期权代码是 **BABA 160319C70.**

投资者支付每股$5.85的期权费来获得上述权利 – 如表 4.3所描述的。换言之，她赌股价上升，并为这个赌注支付500 × $5.85=$2,925 外加交易佣金。请注意，若该投资者购买的是500股阿里巴巴股票而不是5张看涨期权合约，那么她的初始现金流出将会是 $34,915 加交易佣金。

< 47 >

表 4.3: *看涨期权多头策略– (标的股票：阿里巴巴)*
(TradeStation.com)

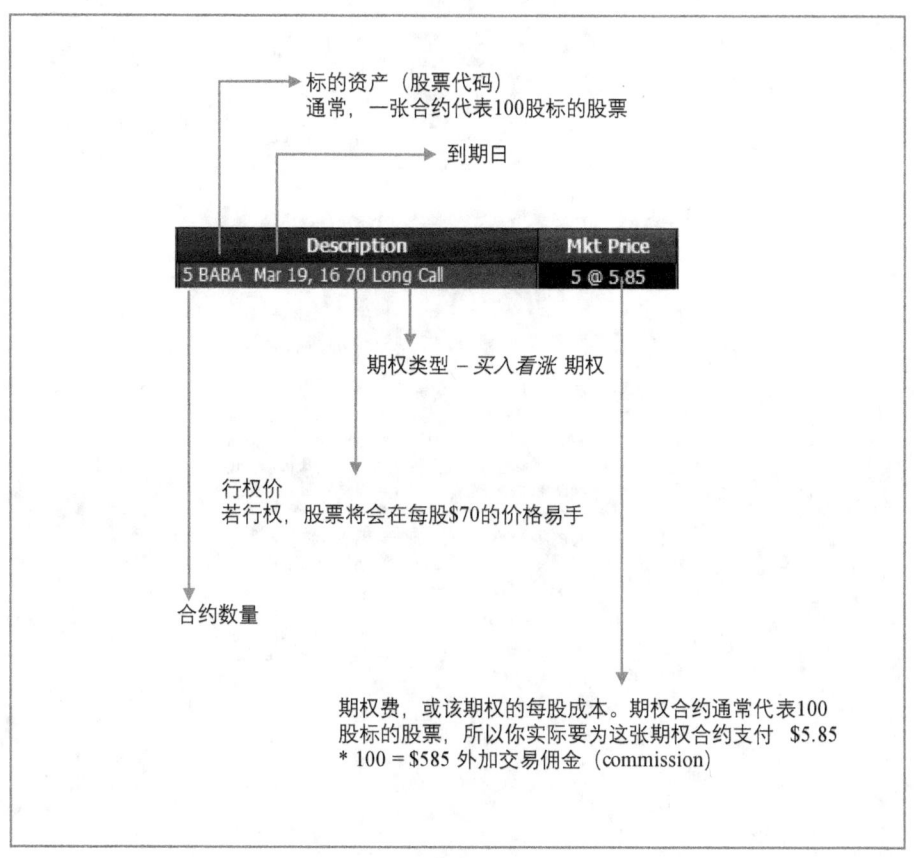

现在让我们分析以下三种情景（表 4.4）来获得一些关于这个买入看涨期权策略的知识。

< 48 >

表 4.4: 关于*看涨期权多头策略的BABA股价*模拟情境

情境 #1	情境 #2	情境 #3
BABA 跌至每股$70	BABA股价处于每股$70 和$75.85 区间	BABA 股价高于每股$75.85
在这个情景里，看涨期权可以被视为 "保险"。正如我们刚才陈述的，投资者如果不是买5张期权合约，而是买500股BABA股票，她得支付$34,915加佣金，而不是$2,925加佣金。如果BABA股票有巨大下跌，那么投资者可能蒙受相当大的损失 – 可能远多于5张期权合约的期权费 $2,925 加佣金。现在买入5张期权合约，她只会损失期权费。	如果该投资者行权，她依然损失了。这是因为她付了每股 $5.85 的成本。因此，只有当BABA股价高于每股$75.85时才开始赚钱。 这个$75.85在期权中有专业术语，叫盈亏平衡点 (*breakeven point*)。请注意，盈亏平衡点被定义为，若期权买方行权且不亏损，而必须达到的市场价格。 对于一个看涨期权买家，盈亏平衡点是行权价加期权费 (Investopedia.com)	现在我们来讨论赚钱的情境。该投资者最终将在股价高于$75.85加佣金的位置开始赚钱。BABA股价越高，她在这5张合约上赚的越多。

< 49 >

我们可以用图4.4来描述这三种情境。图 4.4是TradeStation的盈亏分析图。 此图可以形象化的展示买入看涨期权策略在某个时点潜在的盈利和损失。下面的数据分别沿横轴和纵轴绘制。

❖ 横轴代表BABA股票价格–从左至右从低到高。
❖ 纵轴代表BABA股票仓位的潜在收益和损失。

图4.4: 看涨期权多头策略的盈亏平衡图 (TradeStation.com)

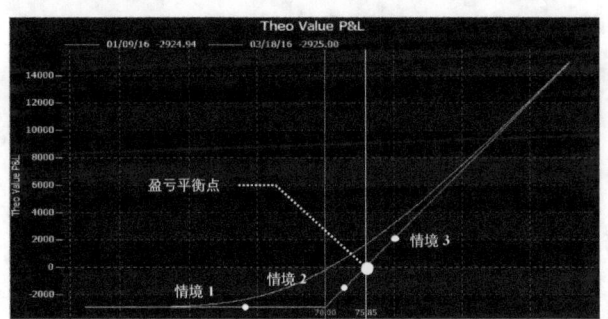

4.6.2 *卖出买权* 策略

现在假设一个投资者认为阿里巴巴股票将会下跌。换言之，他看跌（*bearish*）BABA。卖出无担保的BABA看涨期权也是熊市策略（*bearish strategy*）。回想我们一开始在表 4.2 中提到，这个策略在投资者并不拥有标的股票是发生。然而，这种情况下，投资者得是个十分懂行的交易员，他决定做空五张3月19日到期的阿里巴巴股票期权合约。那么，在3月19日以及之前的任何一天，他都有义务以每股$70卖出500股阿里巴巴股票。作为回报，他会立刻收到期权费。本例中，他的账户立即增加$5.85 × 500 = $2,925的额度（表4.5）。

< 50 >

表 4.5: *看涨期权空头策略 – (标的股票：BABA)*
(TradeStation.com)

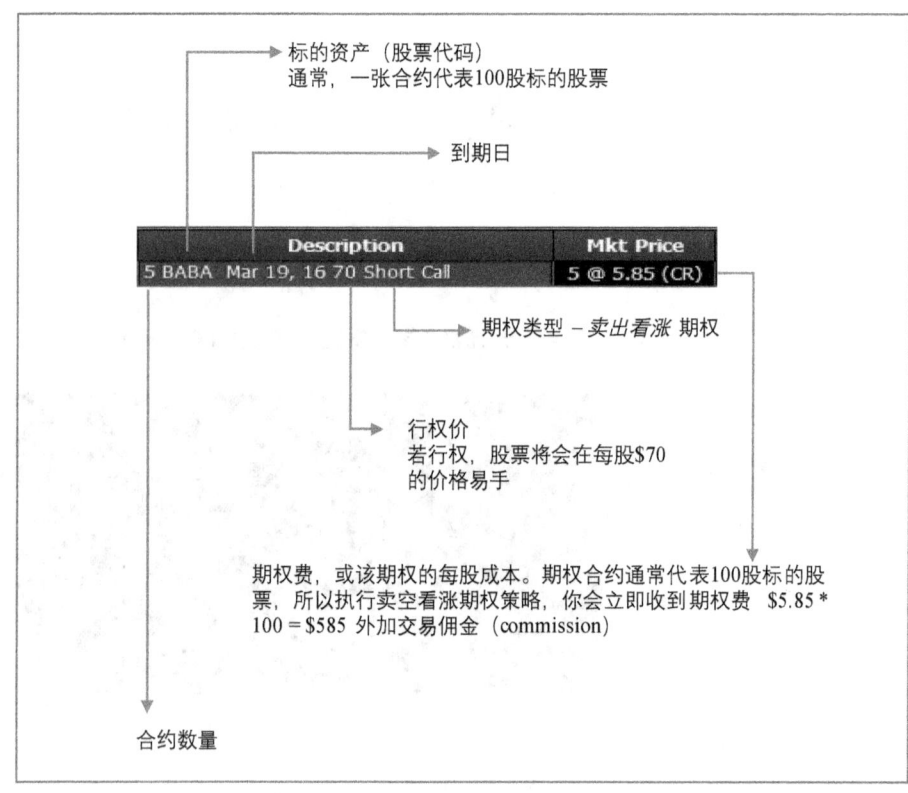

标的资产（股票代码）
通常，一张合约代表100股标的股票

到期日

Description	Mkt Price
5 BABA Mar 19, 16 70 Short Call	5 @ 5.85 (CR)

期权类型 – *卖出看涨* 期权

行权价
若行权，股票将会在每股$70
的价格易手

期权费，或该期权的每股成本。期权合约通常代表100股标的股
票，所以执行卖空看涨期权策略，你会立即收到期权费 $5.85 *
100 = $585 外加交易佣金（commission）

合约数量

和前一部分一样，让我们分析以下三种情景（表 4.6）来获得
一些关于这个卖空看涨期权策略的知识。

< 51 >

表 4.6: 关于*看涨期权空头策略的BABA股价模拟情境*

情境 #1	情境 #2	情境 #3
BABA 跌至每股$70	BABA股价处于每股$70 和$75.85 区间	BABA 股价高于每股$75.85
期权合约对买方毫无价值，将不会被执行。因此，期权卖方会保有期权费$2,925。	期权合约对买方毫无价值，将不会被执行。因此，期权卖方会保有期权费$2,925。	现在，期权合约对买方有价值了，将会被执行。 回想一下，期权卖方进入的是无担保买权，并不拥有500股BABA股票。因此，理论上他的损失没有上限 – (图4.5)。 该投资者将不得不去市场上以市场价买入500股BABA，再以每股$70卖给期权买方。 然而，如果投资者预测阿里巴巴股价将大幅上涨，他可能会希望轧平这个未担保的卖空看涨期权仓位。

我们可以用TradeStation的盈亏分析图阐述以上三种情景 （图4.5）。

< 52 >

图4.5:看涨期权空头策略的盈亏平图 (TradeStation.com)

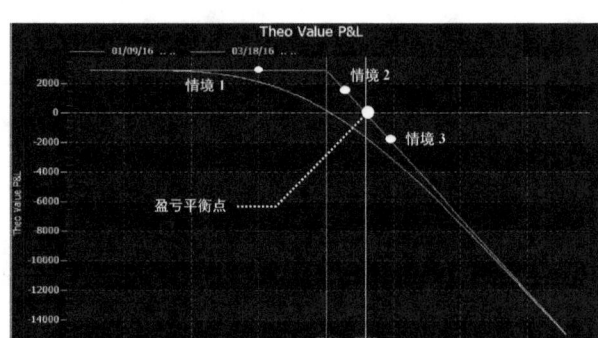

4.7 本章小结

I这一章我们介绍了以下新概念：

- ❖ 期权合约
- ❖ 股票期权
- ❖ 期权术语：行权，行权价,，到期日，期权费，多头vs.空头，美式期权，欧式期权，盈亏平衡点。
- ❖ 未平仓头寸 vs. 已平仓头寸
- ❖ 看涨 vs. 看跌
- ❖ 看涨期权和看跌期权
- ❖ 构筑期权交易策略的基础模块：买入看涨期权，买入看跌期权，卖出看涨期权，卖出看跌期权
- ❖ 无担保看涨期权 vs. 持保看涨期权
- ❖ TradeStation期权代码
- ❖ 看涨期权策略详解：买入看涨期权,卖出无担保的看涨期权
- ❖ 盈亏分析图

请回忆在第3章开头，我们提供了我的前MBA学生Arjun和一个孩子之间的对话。Arjun告诉那个孩子卖出持保看涨期权的风险和收益。 希望我们在这章呈现的能帮助你就期权交易策略打一个好基础，并使你掌握持保看涨期权策略（会在接下来几章用大量篇幅阐述）。朋友们，这将会是帮你赚钱的"防弹"交易 ---- 让华尔街来救助我们吧（*Wall Street bailouts for Main Street*）*!!*

< 53 >

参考文献

Options Clearing Corporation (OCC), *Characteristics and Risks of Standardized Options*, http://www.optionsclearing.com/components/docs/riskstoc.pdf, 1994.

Options Industry Council (OIC), *Options Education Program*, http://www.optionseducation.org/en.html, 2016.

Investopedia, www.Investopedia.com

TradeStation, www.TradeStation.com

< 54 >

第 5 章

期权的货币性

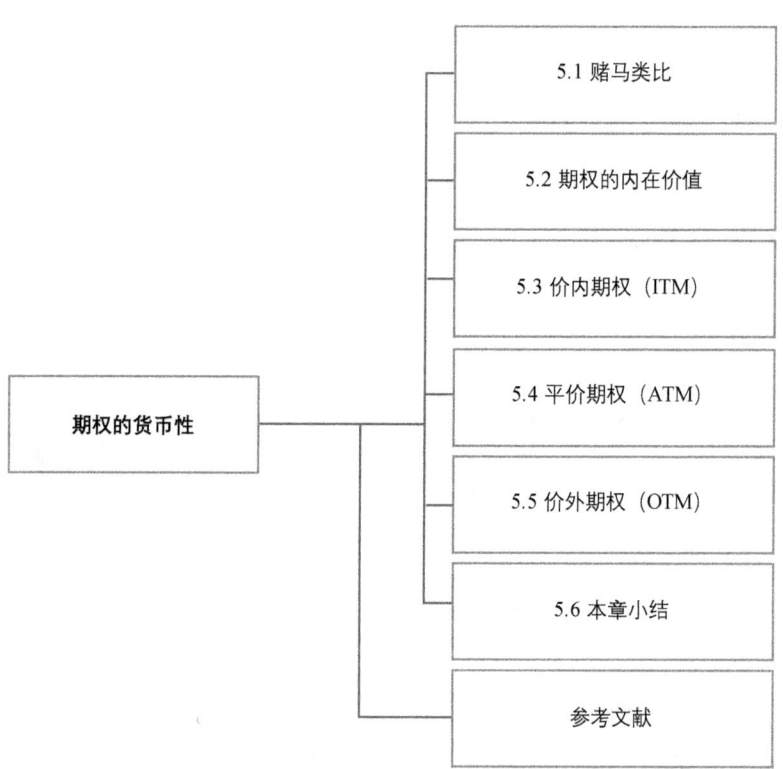

期权的货币性

5.1 赌马类比

5.2 期权的内在价值

5.3 价内期权（ITM）

5.4 平价期权（ATM）

5.5 价外期权（OTM）

5.6 本章小结

参考文献

< 55 >

第 5 章

期权的货币性

在本章中，我们将探讨期权"货币性"的概念。事实上，期权的货币性反应了期权持有者在行权（交割）后是否会产生利润。

货币性

> **定义**：货币性是一个相对概念，是标的资产现在（或将来）的价格相对于衍生品合约的行权价格决定的。

在本章的后续部分，我们将会讨论并说明三种货币性状态：

❖ 价内期权 *In-the-Money* (ITM)
❖ 平价期权 *At-the-Money* (ATM)
❖ 价外期权 *Out-of-the-Money* (OTM)

为了让读者朋友们明白这三种货币性状态，我们利用期权交易和赌马之间的相似性做阐释说明。

5.1 赌马类比

世界证券交易所联合会（World Federation of Exchanges）为可供交易的期权和其他金融资产列了一份详细的名单（世界证券交易所联合会官网World-exchanges.org）。从某种方式来看，这些期权交易所就像是跑马场。在跑马场上，就有那么一群人想买马或者卖马。然而，更多的人去跑马场则仅仅是在赛马时下下赌注（投资百科网Investopedia.com）。

让我们思考以下赌马的类比案例（本克里夫Benklifa，2011）。

> **案例**：你猜赛马栗宝将会赢得下场比赛。因此，你花了$10美金押栗宝胜。本次比赛共计要跑四圈，四圈跑完才能见分晓。现在假设你可以赛中将自己的押注进行买卖。

< 56 >

第一圈跑完，栗宝一马当先！如果它继续领先，这次赛马你可就赚大了！此刻，你是卖了你的赌注还是继续持有呢？你决定等等看。然而，第二圈中栗宝略显疲惫，开始渐渐落后了。假如你现在把手中的赌注卖掉，你仍然可以拿回自己的本金，或者你继续等等看。第三圈开始了，你的宝马突然加速，重夺第一。然而不幸的是，在第四圈跑完的时候栗宝以第四的成绩到达终点，你也颗粒无收。

这次的赌马就和期权交易有异曲同工之妙。这里，你没有直接买下跑马，而是选择在赛马时进行押注。与期权类似，你选择不去持有股票，取而代之的是你去购买该股票的期权。你为赌马付出的赌注也类似于花钱去购买期权。如我们之前在第四章中讨论的一样，在期权的世界里，我们把这笔花费称之为**期权费**（Premium）。不管你选择持有还是卖出，你的期权在一段时候后就会失效（赛马的赌注在比赛结束后就失效）。你的马跑赢了，你就赚大了；你的马跑输了，你就一个子也没有。

5.2 期权的内在价值

我们这里介绍一些常用符号来进行速记。此外，我们还需要定义并解释说明一下期权的**内在价值**。这也有助于我们理解看涨期权的货币性。

股票的市场价格常简记为"S"。此外，在期权的世界中，行权价格常简记为"K"。

> **案例**：在我们之前讨论过的案例4.6.1中，我们把阿里巴巴的股票（BABA）行权价格记为K = $70。这意味着，投资者有权利但不是义务，在期权购买日之后至2016年3月19日期之前，以$70美金每股的价格购买阿里巴巴的股票。

< 57 >

在第四章中，我们介绍了期权费的定义——期权购买者为期权合约支付的费用。如同图5.1所示，期权费由两部分价值组成——**内在价值**和**时间价值**。我们来仔细解读一下这两部分价值，以便更好的理解期权的货币性。

图5.1：期权费的组成

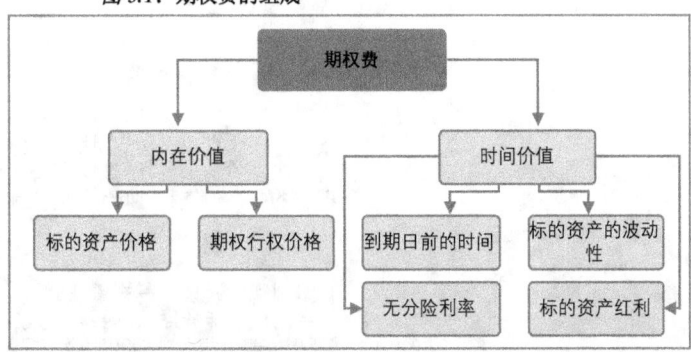

关于期权的内在价值解释如下：

内在价值

内在价值的定义
1. 对于看涨期权来说，内在价值是标的股票价格与行权价格的差值，即（S-K）。
2. 对于看跌期权来说，内在价值是行权价格与标的股票价格的差值，即（K-S）。
3. 对于看涨期权和看跌期权来说，只要该差值是负的，那么期权的内在价值即为0。用速记法记录内在价值的这部分定义可在表5.1中找到。实际上，这意味着期权的内在价值永远是大于等于0的，而不会是负的。

< 58 >

表5.1： *内在价值和时间价值*

期权费 = 内在价值 + 时间价值	
内在价值	
	Intrinsic Value (Call) = max [S – K, 0]
	Intrinsic Value (Put) = max [K – S, 0]
时间价值	期权费中，任何超过期权内在价值的溢价部分都是时间价值

期权费中，任何超过期权内在价值的溢价部分都是时间价值

在后续介绍价内期权，平价期权和价外期权的时候，我们将进一步解释内在价值。在我们深入解释之前，让我们看一个有关看涨期权的内在价值和时间价值的案例：

案例：假设现有一支看涨期权，期权费标价为$9.00美金。这意味着期权的买家（卖家）需要支付（收到）$9.00美金每股或$900美金每只期权（一份期权合约包含100股）。如果该期权的内在价值为$7.00美金每股，那么它的时间价值为$2.00美金每股，计算如下：

时间价值 = 期权费 – 内在价值
= $9.00 - $7.00 = $2.00

5.3 价内期权（ITM）

假设机智的你十分幸运，在赛马中押对了赌注。在比赛结束后，你兑现了赌注，实现了盈利。没错，在期权市场里也很相似，如果你的看涨期权此刻为价内期权，行权后你也可以得到利润。现在我们来正式定义一下什么时候看涨期权为价内期权：

< 59 >

价内期权

定义：当看涨期权的行权价格低于股票的市场价格时，该期权为**价内期权**。

在之前的章节中，我们阐释过了当行权价格小于市场价格的情况（案例4.6.1与表4.4）。在那个案例中，投资者持有5份看涨期权，共支付了$2,925的期权费，而不是花了$34,915去买500股的阿里巴巴。回想一下，当阿里巴巴价格上涨到了$75.85每股后，投资者便开始盈利。阿里巴巴的股价涨的越高，这五只期权可以挣的越多。

假设在期权到期日那天，即2016年3月19日，阿里巴巴的股票市价为$80每股（即S = $80）。在这种情况下，就发生了表4.4中所描述的情景#3。回想一下，投资者之前买的5只期权的行权价格为$70（即K = $70）。也就是说，这些看涨期权是价内期权。投资者有权（而非义务）对这5份期权行权。这位投资者应该行权吗？

❖ 如果她之前没有买这些期权，但是对阿里的股票很感兴趣，那么她需要按照市价，即$80每股的价格购买股份。

❖ 然而，她是一位精明且富有远见的投资者，利用她所掌握的期权知识，早早买好了5份看涨期权——也就是说，她从一开始就赌阿里的股票会涨。当然了她也一定会行权的。她可以按照期权约定的$70每股的价格而不是$80每股的市价购买阿里的股票。

请看下方的图5.2来对这位投资者的行权收益一窥究竟。请记住我们计算收益时是扣除了每股$5.85的期权费的。

< 60 >

图5.2: 行权价格为$70每股的看涨期权收益（为价内期权时 ITM）

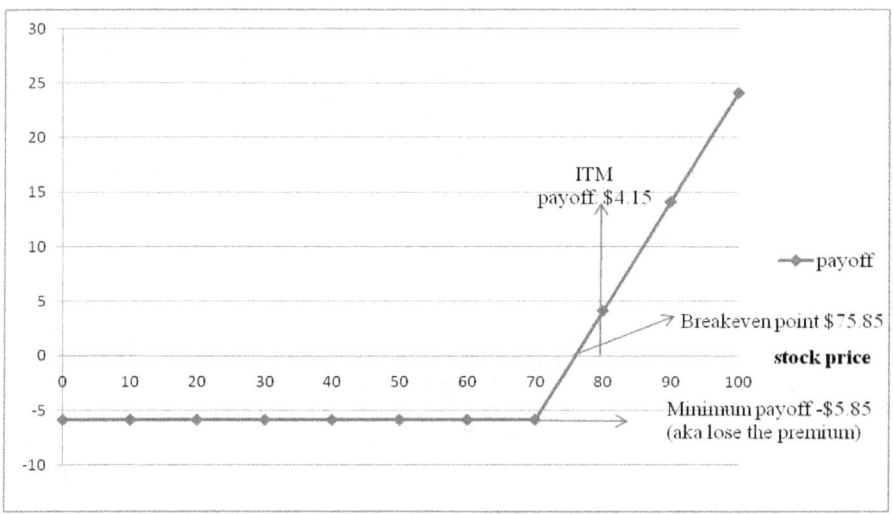

图5.2: 行权价格为$70每股的看涨期权收益（为价内期权时 ITM）

利用我们在5.1小节中的内在价值定义，让我们检验下这五只价内看涨期权在到期日是否有内在价值。做一点简单的数学，我们计算内在价值如下所示：

内在价值 = max [S-K, 0]
= max [$80 - $70, 0] = max [$10, 0] = $10 > 0

所以，这五只价内看涨期权在到期时都有$10每股的内在价值。注意，我们此处计算并没有包含手续费（购买期权产生的交易摩擦）。手续费的多少取决于交易账户的类型和投资者选择的开户公司。

5.4 平价期权（ATM）

让我们再次回顾下前一章中的表4.4。假设在期权到期日那天，即2016年3月19日，阿里股票的市价等于其期权的行权价格。也就是说，S = K = $70。在这种情况下，该期权就是我们所说的**平价期权**：

< 61 >

平价期权

定义：当看涨期权的行权价格等于股票的市场价格时，该期权为**平价期权**。

投资者拥有权力（而非义务）去行权她的五份看涨期权。那么，她应该行权吗？

❖ 如果她之前没有买这些期权，但是对阿里的股票很感兴趣，那么她需要按照市价，即$70每股的价格购买股份。

❖ 然而，她没有去直接购买阿里的股票，取而代之的是预测价格上涨并购买阿里的期权。咋一看，可能大家认为她还是会行权，因为此时为平价期权，即S = K。然而，请大家不要忘了那个麻烦的小东西——期权费。在该案例中，期权费为$5.85每股。所以，当股票价格等于行权价格时，行权平价期权没有任何利润。在这种情况下，投资者应该任由平价期权到期失效。

请看下方的图5.3来对这位投资者的行权收益一窥究竟。此时为平价期权。

图5.3：行权价格为$70每股的看涨期权收益（为平价期权时ATM）

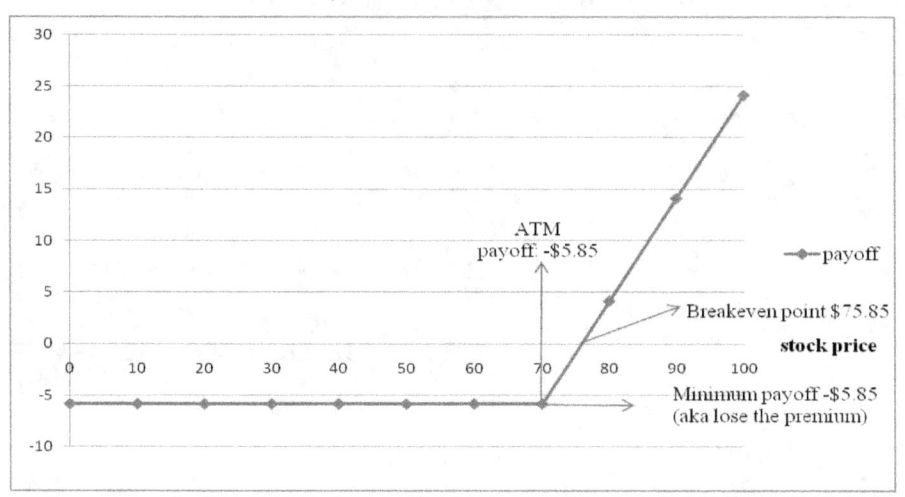

< 62 >

现在让我们来看看这五只平价期权在到期日是否具有内在价值。经过简单的计算，我们可以算出内在价值如下所示：

$$内在价值 = max [S-K, 0]$$
$$= max [\$70 - \$70, 0] = max [0, 0] = 0$$

所以，在期权到期时，这五只平价期权的内在价值都为0。对于平价期权来说，最正确的做法为忽视它——即让该期权合约过期作废。当然，这会致使你之前支付的期权费全部打了水漂。请记住，因为平价期权没有内在价值，永远不要进行行权。注意，我们此处计算并没有包含手续费（购买期权产生的交易摩擦）。

5.5 价外期权（OTM）

我们再回头看一下之前的赛马类比案例。你的栗宝在第一圈取得了领先，你也决定持有你的赌注。然而，栗宝在最后一圈以第四名的成绩收尾。也就是说，任何精神正常的人都不会偿付你的赌注。这次赛马结果就好比我们在之前章节中表4.4讨论的情景#1。假设在期权到期日，即2016年3月19日，阿里的市价跌破其行权价会怎样？纯粹为了学术目的，我们假设在到期日时S = \$60。此时，该期权为**价外期权**：

价外期权

> **定义**：当看涨期权的行权价格高于股票的市场价格时，该期权为**价外期权**。

投资者拥有权力（而非义务）去行权她的五份看涨期权。那么，她应该行权吗？

> ❖ 如果她之前没有买这些期权，但是对阿里的股票很感兴趣，那么她需要按照市价，即\$60每股的价格购买股份。

< 63 >

❖ 或者，她没有去直接购买阿里的股票，取而代之的是
   预测价格上涨并购买阿里的期权。投资者此时行权没
   有任何意义。如果我可以在市场上以$60每股的价格
   购买阿里的股票，我为什么要用$70每股的价格买呢？
   所以，当看涨期权的行权价格高于股票的市场价格时，
   该期权不会行权。

请看下方的图5.4来对这位投资者的到期行权收益一窥究竟。

图5.4： 行权价格为$70每股的看涨期权收益（为价外期权时
OTM）

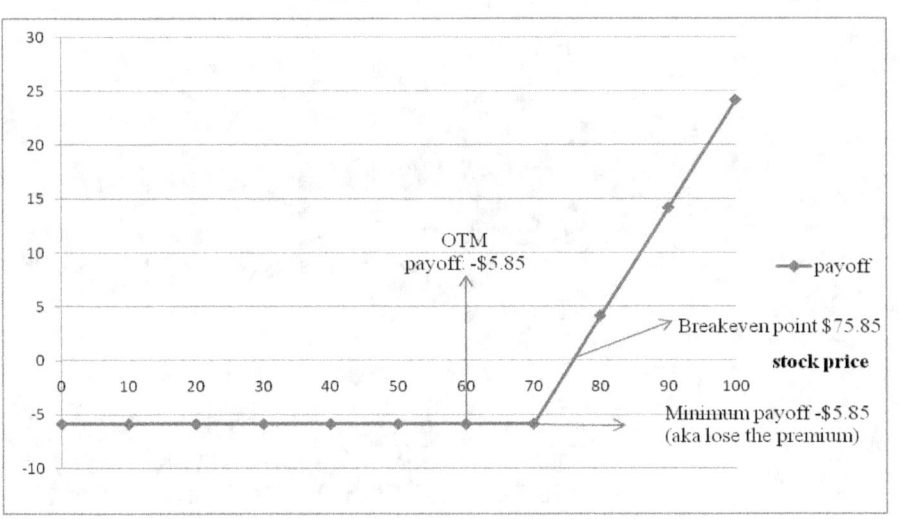

现在让我们来看看这五只平价期权在到期日是否具有内在价值。
经过简单的计算，我们可以算出内在价值如下所示：

内在价值 = max [S-K, 0]
= max [$60 - $70, 0] = max [-$10, 0] = 0

< 64 >

所以，在期权到期时，这五只价外期权的内在价值都为0。对于价外期权来说，最正确的做法为忽视它——即让该期权合约过期作废。当然，这会致使你之前支付的期权费全部打了水漂。请记住，因为价外期权没有内在价值，永远不要进行行权。再次注意，我们此处计算并没有包含手续费（购买期权产生的交易摩擦）。

5.6 本章小结

总的来说，本章我们讨论了期权的货币性以及期权与赌马的相似性。详见表5.2：

表5.2：赌马类比

	赌马	期权交易
付出成本	赌注	期权费
标的资产	赛马	股票
到期日	比赛结束时	到期日
决定收益因素	赛马的名次	股票价格
收益构成	取决于赔率（详情见下方注释和表5.5）	取决于期权类型和内在价值

注：在赛马中，我们赌马前会看到每只马的赔率。此处赔率是指每一美元的赌注会为你带来多少收益。比如，某只马的赔率为10-1（有时写作10/1），这意味着当你为该马下$1美元的赌注且该匹马确实赢得比赛，你会获得$10的收益（Form Ratings）。

< 65 >

图5.5：赛马赔率详情

NO	HORSE	AGE	LR*	2LR*	3LR*	9LR*	SPEED	FNSH*	TOTAL*	ODDS FCST*
1	Who Owns Me (IRELAND)	6	105	21	25	182	32	10	224	11/4
2	Lieutenant Miller	6	90	43	20	185	0	8	197	7/2
10	The Good Guy (IRELAND)	9	80	19	21	151	31	9	192	6/1
5	Nez Rouge (FRENCH)	11	60	46	20	155	20	7	185	8/1
3	Oscars Secret (IRELAND)	5	70	35	17	153	0	4	158	8/1
9	Occasionally Yours (IRELAND)	8	61	26	14	128	21	7	157	12/1
4	Phare Isle (IRELAND)	7	44	22	12	119	25	11	156	14/1
8	Go Amwell	9	43	20	13	104	24	6	135	16/1
6	Jive Master (IRELAND)	7	44	26	10	105	0	5	113	10/1
7	Manshoor (IRELAND)	7	49	18	9	100	0	7	106	16/1
LR		Last Run-该马上次比赛评级								
2LR		该马近两次比赛评级								
3LR		该马近三次比赛评级								
9LR		该马近九次比赛评级								
FNSH		Finish-该马上次比赛名次								
TOTAL		该马总分								
ODDS FCST		预测赔率								

关于期权的货币性，我们在本章中所讨论的内容总结如下。详情参见表5.3：

< 66 >

表5.3：*期权在到期日的货币性*

看涨期权	BABA股价 (S)	行权价格 （K）	是否行权	内在价值	公式
价内期权	$80	$70	是	$10	S>K
平价期权	$70	$70	否	0	S=K
价外期权	$60	$70	否	0	S<K

我们将持有看涨期权的货币性总结在图5.6中。为了使大家容易理解货币性的概念，我们剔除了其他一些影响收益的因素，如手续费。

图5.6：行权价格为$70每股的看涨期权收益

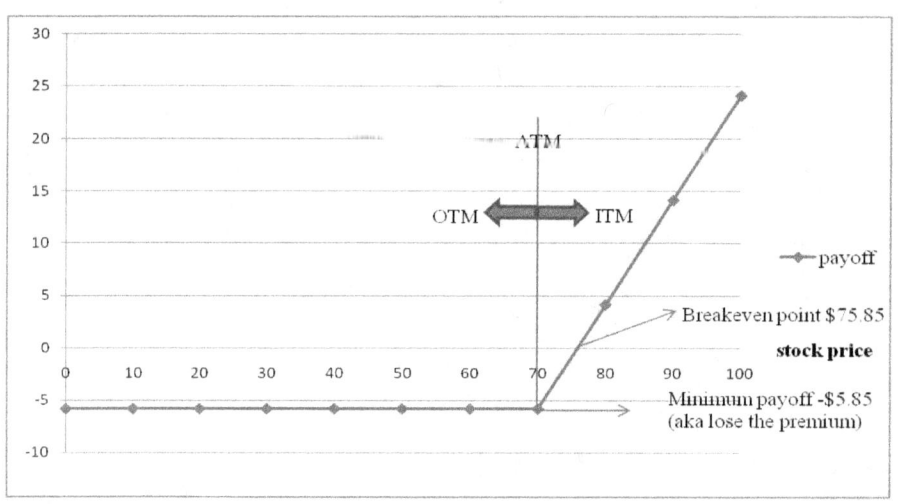

我们希望你可以发现，只要通过一点点努力和练习，掌握期权基础知识还是相对容易的。但是，也别对所有的期权术语都感到震惊。投资者们慢慢都会熟悉它们的。通过本章的学习，我们希望你可以对期权市场是什么有初步的基础认识。一旦你掌握了本章所说的全部内容，你距离征服期权交易就更近了一步。当然，距离老百姓得到华尔街人的救助也就更近了一步。

< 67 >

参考文献

Benklifa, Michael Hanania, *Profiting with Iron Condor Options: Strategies from the Frontline for Trading in Up or Down Markets,* FT Press, 2011.

Form Ratings, *What horse ratings look like,*
http://formratings.co.uk/form-rating-examples/

Investopedia.com, http://www.investopedia.com/terms/i/intrinsicvalue.asp

World-Exchanges.org, *Wfe Members,*
http://www.world-exchanges.org/home/index.php/members/wfe-members

< 68 >

第6章

别抓狂，抓机会：华尔街对老百姓的救助

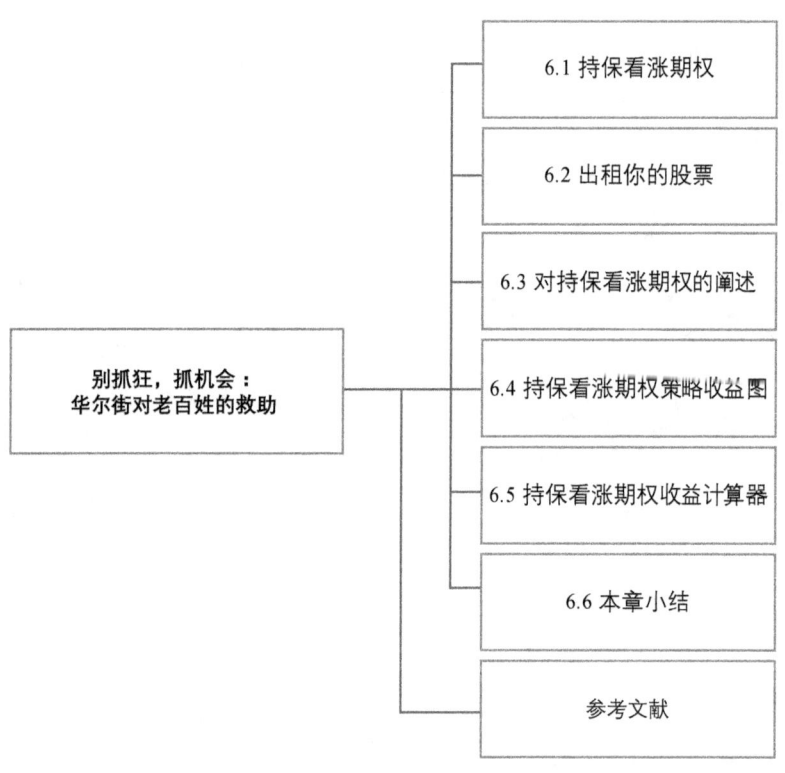

< 69 >

第6章

别抓狂，抓机会：华尔街对老百姓的救助

回想一下，如同我们在第四章表4.2中讨论过的那样，卖出看涨期权的操作大致分为两种类型——**无担保看涨期权**（naked call）和**持保看涨期权**（covered call）。

无担保看涨期权：这种期权操作是期权的卖方并不拥有该期权的标的资产。这种操作方式风险极大，对于初入期权市场的投资者来说并不适合。这种操作方式让卖出者有义务在到期割出标的股票，即使他不拥有这些股票。

持保看涨期权：这种期权操作是期权的卖方拥有该期权的标的资产。这种操作方式可以带来额外利润。

请回忆下在章节4.6中，我们介绍过了无担保看涨期权。在本章中，我们将会利用已经学习过的知识来阐述下**持保看涨期权**策略。如同在第三章中所述的那样，持保看涨期权的风险和收益已经体现在了我的MBA学生和孩子的对话中：

阿琼：嗨小朋友。持保看涨期权策略是赚钱的绝好方式。该策略包括

❖ 买股票（买，可以译为buy或long）

❖ 同时卖出看涨期权（可以译为short/write/sell a call option）

> *持保看涨期权策略是赚钱的绝好方式。该策略包括*
> - *买股票*
> - *同时卖出看涨期权*

< 70 >

孩子：那持保看涨期权的风险与收益都是什么呢？

阿琼：持保看涨期权策略主要的优势是因为它可以提高收益。它的运作类似于：交易所为你已经拥有的股票支付你一部分费用。持保看涨期权尤其适用于股价略微上涨或停滞不前的时候。当股价大跳水的时候，股票上的亏损可能是巨大的，但同时，你的组合收益同样可能是巨大的。持保看涨期权策略收益的最大值是卖出看涨期权收入的期权费加上行权时股价和行权价的价差。

基于我们之前讨论过的内容，我们现在已经拥有掌握持保看涨期权策略的坚实基础了。请记住，持保看涨期权是一种可以让你获得回报的防弹策略，也是可以让**华尔街救助老百姓**的策略！

6.1 持保看涨期权

现在，让我们来讨论下**持保看涨期权**（covered call options，也叫covered/married stock options）（Tradestation平台）。这个看涨期权是被"保护"的，因为潜在交割股票的义务可以由投资者自己持有的股票来完成。那么，持保看涨期权是否比无担保看涨期权更好呢？这二者的主要区别如下：

❖ 无担保看涨期权。投资者在卖出看涨期权的同时，手中并不持有标的股票。如果股票价格涨势汹涌，无担保看涨期权的投资者因其没有购买标的股票，作为期权卖出者的他们将被迫购买股票来完成交割义务。

< 71 >

❖ 持保看涨期权。投资者在卖出看涨期权的同时，手中同时持有标的股票。如果股票价格涨势汹涌，持保看涨期权的投资者因其购买了标的股票，作为期权卖出者的他们将不必被迫购买股票来完成交割义务。

与无担保看涨期权相比，持保看涨期权风险更小。在该章节的后续部分，我们会继续介绍持保看涨期权，并展示该策略在对股票价格下跌风险起保护的同时，还可以带来超额利润。这也是为什么许多新手投资者认为该在自己的的投资组合中加入持保看涨期权策略。

请回忆下之前章节中我们介绍的无担保看涨期权案例——在不持有阿里的股票时卖出阿里股票的看涨期权。现在假设一位投资者针对阿里股票构建持保看涨期权策略而不是无担保看涨期权策略。也就是说，他需要先购买阿里的股票，然后再卖出阿里股票的看涨期权。

为了与第四章中的无担保看涨期权策略进行对比，我们假设在本章中的持保看涨期权的期权各参数不变：

❖ 持保看涨期权的标的股票为阿里巴巴。
❖ 阿里的股票在卖出看涨期权时价格为$69.83。
❖ 看涨期权的行权价格为$70。
❖ 看涨期权的期权费为$5.85每股。
❖ 到期日为2016年3月19日。
❖ 投资者打算购买500股阿里的股票，并卖出5只看涨期权。注意，一只期权合约对应100股。

< 72 >

总体来看，投资者的持保看涨期权策略具体仓位情况如下：

❖ 购买（buy）/持有（long）500只阿里的股票。
❖ 同时，卖出（sell/write）/做空（short）5只阿里股票的看涨期权。

6.2 出租你的股票

以期你想知道为什么投资者在持有股票的同时还想同时卖出看涨期权，我们来思考一下下面这个房地产的案例：

房地产出租类比：如果你拥有一处可供租售的房产，但是目前还没有租出去，这和把钱扔在地上没什么区别。但是，一旦你把房产租出去，你就可以获得额外的收益。承租者会因租房而向出租人缴纳租金。与之类似的，如果你拥有股票并且打算持有一段时间，你也可以通过持保看涨期权策略把股票"租出去"来获得超额收益。你也会因为出租股票而收到期权费。
（布朗Brown，2016）

希望这个简单的房地产出租类比可以给你一些启发，让你明白为什么精明的投资者会使用持保看涨期权策略来"出租"股票。投资者们没必要把钱扔在地上。在章节6.3中，我们将会讨论并说明如何通过持保看涨期权策略来出租股票。此外，在章节6.4中，我们会通过收益率图像来给大家展示这种股票出租策略。

< 73 >

6.3 对持保看涨期权的阐述

如同我们在第四章中对无担保看涨期权所做的那样，我们也通过多种情景来阐述持保看涨期权策略。

情景#1：阿里股票从$69.83跌至$63每股

现在，S＝$63并且K仍然为$70。现在这只期权为OTM，没有任何内在价值。没有会人进行行权，所以，投资者可以留着期权费的同时也可以留着阿里的股票。回想下，期权费为$5.85每股，投资者卖出了5只期权，对应了500股。所以，投资者收到的期权费总计为$5.85 * 500＝$2,925。然而，投资者会因为持有股票且股票价格下跌失去部分利润：$69.83 - $63＝$6.83每股。所以，阿里股价下跌带来的损失总计为$6.83 * 500＝$3,415。投资者总共的现金流为$2,925 - $3,415＝-$490。在本案例中，当阿里的股价从$69.83跌至$63每股时，投资者的持保看涨期权策略对于股价下跌起到了保护作用。

情景#2：阿里股票从$69.83跌至$63.98每股

现在，S＝$63.98并且K＝$70。该期权一样也是OTM，没有内在价值。所以，该期权一样不会被行权。投资者将因为阿里股价下跌损失$69.83 - $63.98＝$5.85每股。阿里的这500只股总计损失$5.85 * 500＝$2,925。余情景#1一样，投资者还是会收到$2,925的期权费。所以，投资者总共的现金流为$2,925 - $2,925＝0。同样的，当阿里的股价从$69.83跌至$63.98每股时，投资者的持保看涨期权策略对于股价下跌起到了保护作用。

< 74 >

情景#3：阿里股票从$69.83跌至$68每股

现在，S＝$68并且K＝$70。该期权一样也是OTM，没有内在价值。没有人会进行行权，投资者也可以留着$2,925的期权费。然而，投资者会损失$69.83 - $68＝$1.83每股。因持有阿里股票总计的现金流出为$1.83＊500＝$915。所以，投资者总共的现金流为$2,925 - $915＝$2,010。同样的，当阿里的股从$69.83跌至$68每股时，投资者的持保看涨期权策略对于股价下跌起到了保护作用。然而，多亏了持保看涨期权策略，当阿里股价从$69.83跌至$68时，投资者仍然赚得了一些利润。

情景#4：阿里股票从$69.83涨至$70每股

现在，阿里的股票价格和行权价格一样了。尽管此刻仍然没有内在价值，该期权为ATM。仍然不会有人会进行行权。因此，投资者一样可以持有那$2,925的期权费。此外，投资者也会因为持有股票而获得$70 - $69.83＝$0.17每股的收益。投资者因持有阿里股票的现金流为$0.17＊500＝$85。所以，投资者总共的现金流为$2,925 + $85＝$3,010。

情景#5：阿里股票从$69.83涨至$78每股

不幸的是，投资者在卖出看涨期权时看错了市场方向。这只看涨期权此时为ITM，将会被行权。但幸运的是，投资者在她的投资组合中购买了阿里的股票。现在，她必须将市价$78的阿里股票以$70每股的价格卖给期权持有人。所以，如果投资者在$69.83每股的价格购买了股票并在$70每股的价格卖出，她会每股收益$0.17。于情景#4中的计算一样，持有阿里股票带来的现金流入为$85。此外，投资者之前已经获得了$2,925的期权费。

< 75 >

因此，总共的现金流为$2,925 + $85 = $3,010。注意，在股价从$69.83大涨至$78这种情况下，聪明的投资者可能会考虑提前将持保看涨期权的仓位平掉——如我们在第四章中所述。这么做的话，她也可以从阿里股价大涨中获得收益。

为了帮助读者消化这五种情景，使读者能更好的理解在股价变动时期权的操作，我们将内容整合在了表6.1中。

❖ 我们可以看到当阿里股价下跌时，持保看涨期权策略使得投资者收到的期权费可以为股价下跌带来保护作用。比如，在情景#3中，阿里股价下跌了，但是我们仍然可以通过该策略获得收益。更具体来说，持保看涨期权策略不仅可以在股价下跌时提供保护，也可以为投资者带来额外收益。

❖ 现在，如果我们比较表6.1和表4.6中的情景#4和情景#5，我们可以看见当股价上涨时，持保看涨期权策略比无担保看涨期权策略挣得更多！然而，我们也可以发现，持保看涨期权的收益是有上限的。就是说，投资者通过该策略可以赚得上限是$3,010——不管股价涨得多高。注意：投资者可以获得股价上涨收益的唯一途径便是提前将持保看涨期权的仓位平掉。

< 76 >

表6.1：不同情境下阿里股价变化引起的持保看涨期权利润变化

现金流	情景 #1	情景 #2	情景 #3	情景 #4	情景 #5
股票初始价格	$69.83	$69.83	$69.83	$69.83	$69.83
当前股票价格（S）	$63.00	$63.98	$68.00	$70.00	$78.00
货币性	OTM	OTM	OTM	ATM	ITM
期权费	$5.85	$5.85	$5.85	$5.85	$5.85
行权价格（K）	$70.00	$70.00	$70.00	$70.00	$70.00
持有股票收益	($3,415.00)	($2,925.00)	($915.00)	$85.00	$4,085.00
行权收益	$0.00	$0.00	$0.00	$0.00	($4,000.00)
期权费收益	$2,925.00	$2,925.00	$2,925.00	$2,925.00	$2,925.00
现金流合计	($490.00)	$0.00	$2,010.00	$3,010.00	$3,010.00

6.4 持保看涨期权策略收益图

如我们在章节6.1中所述，持保看涨期权策略包含两部分交易：买股票和卖看涨期权。现在，我们将用图形语言来阐释持保看涨期权。请看下列图形：

收益图 #1 为持有阿里股票的收益。

收益图 #2 为标的股票为阿里的无担保看涨期权策略的收益。

收益图 #3 为标的股票的阿里的持保看涨期权策略的收益。

注：我们可以看到收益图 #3是图 #1和图 #2的结合。

< 77 >

图6.1：持有阿里股票的收益（持有500股）

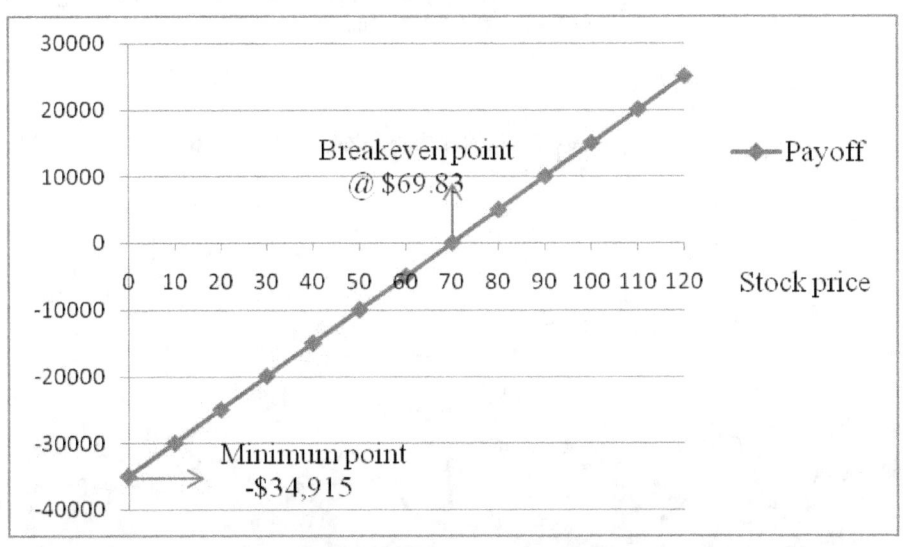

图6.2：标的股票为阿里的无担保看涨期权策略的收益（卖出5只期权）

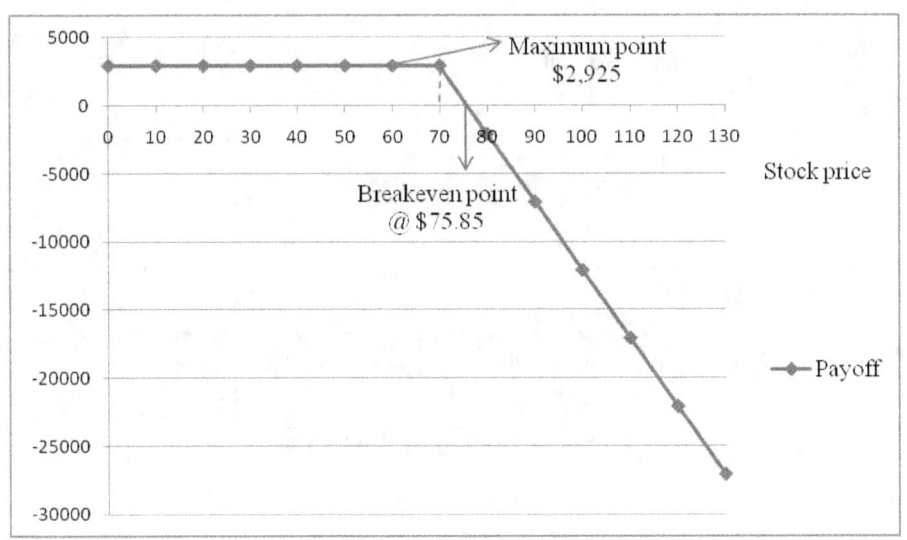

< 78 >

请回忆下，持保看涨期权包含两部分仓位：持有500股阿里股票和卖出5只看涨期权。所以，持保看涨期权策略的收益图6.3就是图6.1和图6.2的叠加。

图6.3：标的股票的阿里的持保看涨期权策略的收益（500股和5只期权）

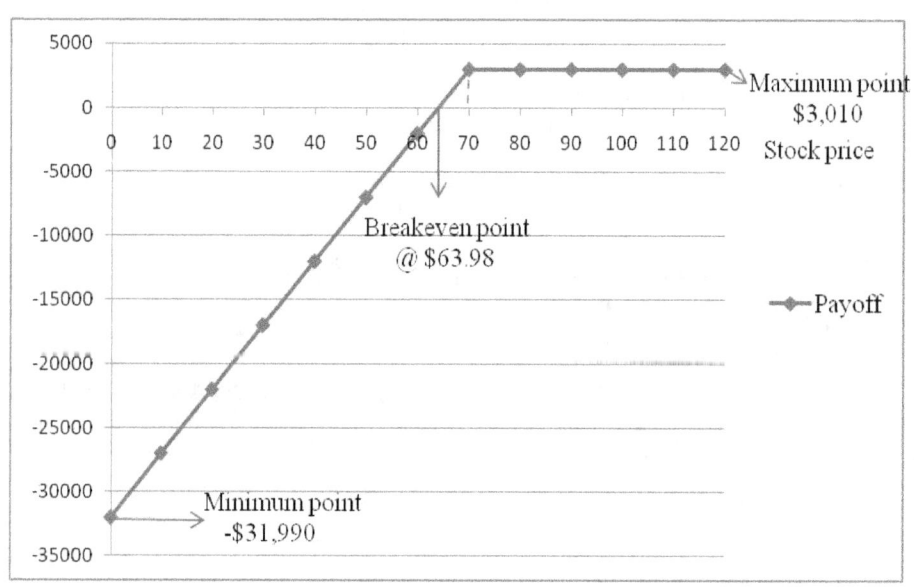

6.5 持保看涨期权收益计算器

如同我们在图6.4中看到的，我们为读者准备了持保看涨期权的Excel版计算器。该计算器可以在我们的网站 www.MainStBailout.com上找到。该计算器可以帮助你分析你的持保看涨期权策略并同时绘制出收益图。希望该计算器可以帮助你成为一名优秀的期权交易者。

< 79 >

图6.4：持保看涨期权收益计算器

Input		
Original price (S₀)	$	65.00
Premium (c)	$	5.85
Number of shares		500
Number of options		5
Strike price (K)	$	66
Current stock price	$	70

Payoff calculator		
Option moneyness		ITM
Cash flow-holding stocks only	$	2500
Cash flow-naked call writer	$	925
Cash flow-covered call writer	$	3425
Breakeven point-naked call writer	$	71.85
Breakeven point-covered call writer	$	59.15

Payoff

Holding stocks only: -32,500
Naked call writer: 2,925
Covered call writer: -29,575

--- Holding stocks only
--- Naked call writer
--- Covered call writer

X - Stock Price ($)

6.6 本章小结

在本章中，我们讨论了：

❖ 如何通过持保看涨期权策略来出租股票赚钱
❖ 对于持保看涨期权策略5个情景的阐述
❖ 持保看涨期权如何在股价下跌时提供保护
❖ 持保看涨期权如何在股价相对平缓时产生额外收益
❖ 我们的网站www.MainStBailout.com可以找到的持保看涨期权计算器（图6.4）
❖ 持保看涨期权，无担保看涨期权和持有股票的区别——总结见表6.2

< 80 >

表6.2：持保看涨期权，无担保看涨期权和持有股票的现金流

现金流	价外期权	平价期权	价内期权
股票初始价格	$69.83	$69.83	$69.83
股票当前价格（S）	$63.00	$69.83	$78.00
期权费	$5.85	$5.85	$5.85
行权价格（K）	$70.00	$70.00	$70.00
持有股票收益	($3,415.00)	$0.00	$4,085.00
行权收益	$0.00	$0.00	($4,000.00)
期权费收益	$2,925.00	$2,925.00	$2,925.00
现金流合计：持保看涨期权	($490.00)	$2,925.00	$3,010.00
现金流合计：无担保看涨期权	$2,925.00	$2,925.00	($1,075.00)
现金流合计：持有股票	($3,415.00)	$0.00	$4,085.00

所以，如果你对华尔街的银行救助而感到抓狂，从现在开始，请记住你再也不必这么懊恼了——你可以利用持保看涨期权策略来报复他们，得到老百姓自己的救助！

< 81 >

参考文献

Tradestation, www.tradestation.com

Brown, Thomas, "Rent Your Stock to Riches." *Rapid Profit Formula,*
http://rapidprofitformula.net/rent-your-stock-to-riches/, 2016.

< 82 >

第7章

持保看涨期权：收益、风险和SWOT分析

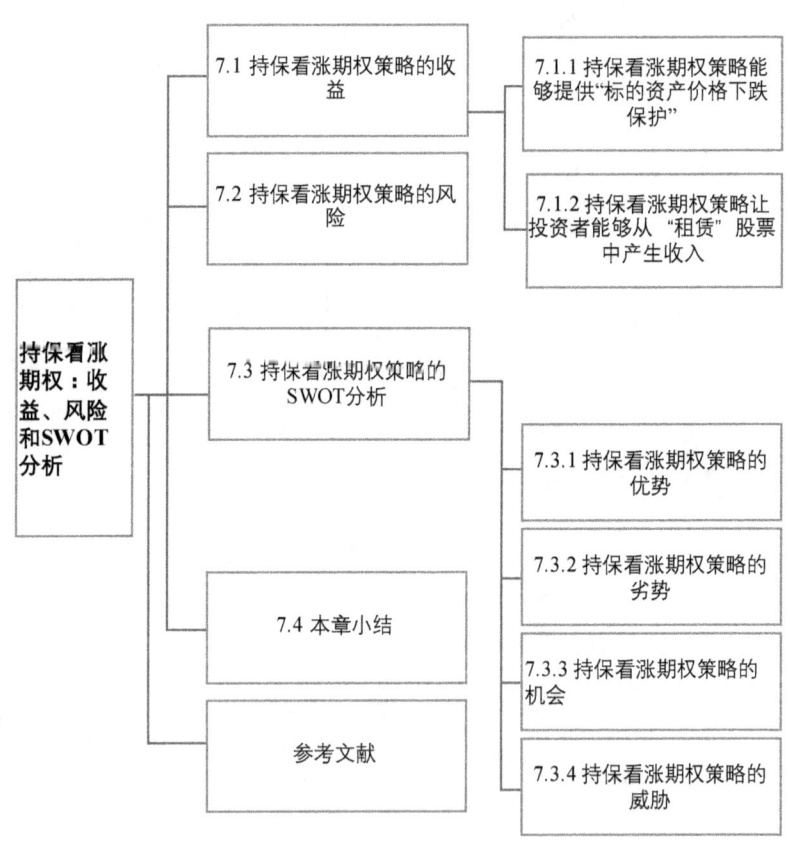

< 83 >

第7章

持保看涨期权：收益、风险和SWOT分析

在前面第3至6章中，我们讨论并说明了持保看涨期权策略的一些基本情况。在假设期权合约期限内标的资产价格略微上升或保持不变的前提下，得出了这种风险较低但可以带来额外收入的交易策略。在本章中，7.1和7.2分别分析了持保看涨期权策略的潜在收益及风险，在7.3中，我们对持保看涨期权进行了SWOT矩阵分析，探讨了外部和内部因素如何影响这种交易策略。

7.1 持保看涨期权策略的收益

为了清楚地说明持保看涨期权策略的潜在收益，并与前面的章节保持一致，我们将在本章沿用之前几章的案例来对持保看涨期权策略加以说明：

❖ 阿里巴巴公司股票是看涨期权合约中注明的标的资产。

❖ 在开仓看涨期权合约之前，阿里巴巴公司股价为$69.83美元。

❖ 看涨期权的行权价格为$70美元。

❖ 看涨期权的价格为$5.85美元。

❖ 期权到期日为2016年3月19日。

❖ 一位投资者近期购买了500股阿里巴巴股票，并决定卖出相应5份阿里巴巴股票的看涨期权。注意，每一份看涨期权内含100股阿里巴巴股票。

< 84 >

上述投资者的持保看涨期权策略包括以下头寸：

❖ 买入500股阿里巴巴的股票
❖ 同时卖出5份阿里巴巴股票的看涨期权

在前面几章中，我们展示了几张投资者持有持保看涨期权的收益曲线。为继续说明持保看涨期权策略的收益和风险，我们在图7.1展示了一张截屏，是自2016年2月10日至2016年3月30日期间阿里巴巴公司股票的价格走势。可以看出阿里巴巴公司股价在2016年3月19日的到期日时略高于每股$74.50美元。

图7.1：阿里巴巴集团股票价格（BABA）（Tradestation.com）

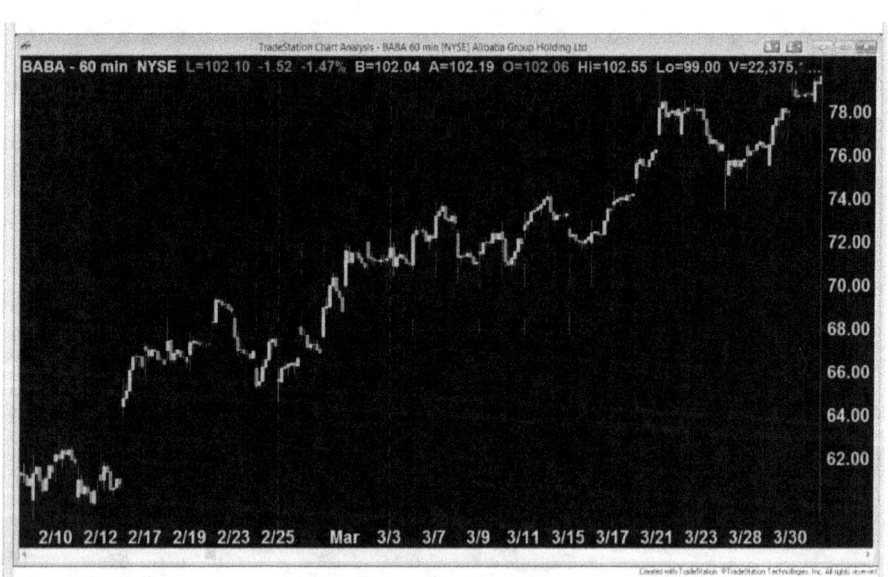

本章将利用这些数据和前述期权合约条款来阐释持保看涨期权策略的两个最重要的优势：

1. 标的资产价格下跌保护
2. 来自"股票租赁"的收入

< 85 >

7.1.1 持保看涨期权策略能够提供"标的资产价格下跌保护"

本节通过表7.1至7.3对持保看涨期权策略最重要的两个优势进行了阐释，其他潜在收益将在7.3的SWOT矩阵分析中加以说明。

正如6.3所讨论的，当股价下跌时，持保看涨期权策略将为投资者提供标的资产价格下跌的保护，换言之，持保看涨期权策略是在手中股票价格下跌时保护您的财富不缩水的一种方式。举例来看，当阿里巴巴公司股价从$69.83美元跌至$63美元时，在表7.1中，我们对**持有**和**未持有**持保看涨期权策略时投资组合的收益亏损进行了比较。

表7.1：标的资产价格下跌保护

阿里巴巴公司股价由$69.83美元降至$63美元。	
未持有持保看涨期权策略	在开仓看涨期权之前阿里巴巴公司股价为$69.83美元，此后由于市场条件不利，股价下跌至目前的$63美元。由此给投资者造成的总损失为（$69.83-$63）*500=$3,415。
持有持保看涨期权策略	在这种情形下，投资者十分机智，决定在股价从$69.83美元下跌至$63美元之前，出售5份内含500股阿里巴巴股票的看涨期权。 现在，当阿里巴巴公司股价跌至目前的$63美元时，上述买入期权的行权价为$70美元，此时该期权为价外期权（OTM），期权持有人将不会行使该期权，因此投资者可以赚到卖出期权时的期权售价（合计$5.85*500=$2,925），并保留其所持有的阿里巴巴公司股票。 在这种情形下，投资者的总现金流为$2,925-$3,415=-$490。与之前未持有情况（-$3,415）的现金流相比，这$490美元的损失将会明显减少投资者由于股价下跌所带来的损失。 因此，我们发现当阿里巴巴公司股价从$69.83美元降至$63美元时，持保看涨期权策略帮助投资者对冲掉部分股价下跌带来的风险。

< 86 >

7.1.2 持保看涨期权策略让投资者能够从 "租赁" 股票中产生收入

回顾上一章6.2中提及的房产类比。如果您持有并决定持有股票一段时间，您还可以通过出售股票的看涨期权从而达到 "租赁股票" 的效果，以此可以产生一些超额收益。看涨期权的价格将作为股票的租金。与仅仅坐等所持股票的价格上涨获利相比，这种较为保守的交易策略显得更加有利可图。

在表7.2和7.3中，我们分别说明了如何利用持保看涨期权策略在看涨和看跌的市场条件下产生额外收益。

表7.2：看跌市场中"股票租赁"的收益

阿里巴巴公司股价从$69.83美元降至$68美元。
未持有持保看涨期权策略 在开仓看涨期权之前阿里巴巴公司股价为$69.83美元，之后由于市场行情原因股价跌至$68美元，此时，投资者持有阿里巴巴股票的总现金流为（$69.83-$68）*500=$915。
持有持保看涨期权策略 在这种情形下，阿里巴巴公司目前的股价为$68美元，看涨期权的行权价为$70美元。该期权目前为价外期权（OTM），期权持有人不会行使该期权，因此投资者可以赚到期权售价（合计$5.85*500=$2,925），并保留其阿里巴巴公司的股份。 在这种情形下，投资者的总现金流量为$2,925-$915=$2,010。与之前未持有情况的现金流相比，采用持保看涨期权策略的总现金流量为+$2,010。 因此，我们发现即使是在略微看跌的市场中，投资者也可以通过 "租赁" 其投资组合中的股票来获得额外收入

< 87 >

表7.3：看涨市场中"股票租赁"的收益

阿里巴巴公司股价从$69.83美元增至$70美元。	
未持有 *持保看涨* *期权策略*	在这种情形下，投资者将赚取由阿里巴巴公司股价上涨所带来的升值收益：($70-$69.83)*500=$85。
持有 *持保看涨* *期权策略*	现在阿里巴巴的股价与买入期权的执行价格相同，上述看涨期权为平价期权（ATM），此时该期权的内在价值为零。期权持有人不会行使该期权，因此投资者可以赚到期权售价（合计$5.85*500=$2,925），并保留其阿里巴巴公司的股份。
	此外，投资者可以继续拥有该股票，此时每股盈利为$70-$69.83=$0.17，由于股价上涨带来的总收益为$0.17*500=$85。因此，投资者的总现金流为$2,925+$85=$3,010。
	与之前未持有情况的现金流相比，采用持保看涨期权策略的总现金流量为$3,010。因此，我们发现在略微看涨的市场，投资者也可以通过"租赁"其投资组合中的股票来获得额外收入。

总而言之，在看涨和看跌的市场中，聪明的投资者都可以利用持保看涨期权策略"租赁"自己的股票，从而获得额外收益。

7.2 持保看涨期权策略的风险

市场上没有任何一种交易策略可以无风险的保证投资收益，当然也包括持保看涨期权策略。在表7.4中，我们主要探讨了投资者在使用持保看涨期权策略时可能面临的最显著的一些潜在风险。其他潜在风险将在小节7.3中进行进一步解释。表7.4中的示例说明了投资者在使用持保看涨期权策略时，可能会因为所持有标的资产的升值而损失一部分潜在利润。

< 88 >

表7.4：持保看涨期权策略的风险

阿里巴巴公司股价从$69.83美元涨至$78美元。

未持有持保看涨期权策略	在这种情形下，投资者将高兴地赚取由阿里巴巴股价上涨所带来的利润：（$78-69.83)*500=$4,085。
持有持保看涨期权策略	目前阿里巴巴公司股价为$78美元，上述买入期权的行权价为$70美元。不幸的是，当投资者选择售出该看涨期权时正处于市场的错误一方。 在这种情形下，上述看涨期权为价内期权（ITM），期权持有人将行使该期权。因此，投资者必须以每股$70美元的价格出售其所持有的500股阿里巴巴公司股票，尽管其市价目前为$78美元。 所以，如果投资者以$69.83美元的股价买入阿里巴巴公司股票，并且以每股70美元的价格售出，那么每股只能获得0.17美元的收益。投资者从阿里巴巴股价上涨中获得的总收益为$0.17*500=$85加上2,925美元的期权价格。因此，投资者在整个过程中产生了$2,925+$85=$3,010的总现金流。 与之前未持有情况下的$4,085现金流相比，采用持保看涨期权策略的总现金流量仅为$3,010。因此，在这种情况下，投资者将会损失一部分潜在收益。 备注：如第6.3节中的情景5所述，投资者可以考虑在这个特别看涨的情况下了结持保看涨期权持仓。

< 89 >

7.3 持保看涨期权策略的SWOT分析

SWOT矩阵分析通常被运用于商业计划的分析中。这种方法可以让读者轻松的识别可能对预期目标产生影响的因素，并评估其影响。由于每个因素的影响可能是积极或消极的，并且它们都通过内部或外部对目标施加影响，因此这些因素可以被分为四类，并组织在SWOT矩阵中。SWOT矩阵是一个4乘4的矩阵，可以将这些因素在矩阵中分类为内部或外部，以及有利或不利因素，从而实现对预期目标的影响因素分析。（Pahl和Richter，2007年）（Investopedia）

本书主要探讨如何利用持保看涨期权策略为投资者提供风险对冲工具并赚取额外收益，在7.3.1至7.3.4部分中，我们将从以下四个维度对持保看涨期权策略进行分析。

❖ 优势（**S**trengths）
❖ 劣势（**W**eaknesses）
❖ 机会（**O**pportunities）
❖ 威胁（**T**hreats）

7.3.1 持保看涨期权策略的优势

持保看涨期权策略是风险较低且预期收益较高的投资策略之一。

❖ 是风险较低且预期收益较高的投资策略之一。
❖ 因为标的资产已经包含在出售的期权之内，故不需保证金。
❖ 是一种风险相对较低的期权策略，可让您从已持有的股票中产生额外收入。
❖ 可以用于对冲标的资产价格下行所产生的风险，并综合管理您的投资组合整体风险。
❖ 能使投资者获取所有的公司股利。

< 90 >

❖ （美国）对于个人退休账户来说，持保看涨期权最大的优势是税务优惠。当您在退休账户中，通过持保看涨期权策略获得收益时，国税局不会像一般经纪账户一样每年征税一次。因此，只要您持有该账户5年以上且满足其他一些条件（取决于您个人退休账户的类型），您无需为通过持保看涨期权获得的盈利交税。（Epstein，2016）

❖ 可以将一个相对激进的投机转化成相对保守价值投资。

❖ 持保看涨期权策略可以在大多数市场条件下使用。

❖ 投资者仍可以作为股东进行投票。

7.3.2 持保看涨期权策略的劣势

❖ 期权行权价格限制了预期收益的上限。

❖ 未必能够在短时间内产生大量收益的机会。

❖ 意味着放弃了未来股价上涨的机会。

❖ 期权相较于普通股票交易更加专业，故需要付出更多的时间及精力学习如何恰当地运用持保看涨期权策略。

❖ 相对不适合短线股票操作的投资者。

❖ 期权价格将会随着期权剩余时间的缩短而减少，相反，若期权剩余时间较长则投资者将会面临较大的风险。

❖ 根据投资者的交易频次，为了避免手续费及交易滑点影响，持保看涨期权策略更适用于规模相对较大的投资组合。

> *未必能够在短时间内产生大量收益。*

< 91 >

7.3.3 持保看涨期权策略的机会

❖ 投资者在最初售出期权合约时可以有一笔进账。
❖ 适用于长期投资期限。
❖ 相较于坐等股价上涨带来的利润，恰当地使用持保看涨期权策略可以让投资者在不分时间场合就能赚取超额收益。
❖ 据统计，约有30-35%的期权合约将到期作废。
❖ 持保看涨期权策略相对较为保守，因此在美国被允许用于个人退休账户和其他纳税递延退休计划中。

据统计，约有30-35%的期权合约将到期作废。

7.3.4 持保看涨期权策略的威胁

❖ 更适合带来相对持久稳定的收益，因此对于希望在短时间内获得丰厚收益的投资者来说效果可能并不理想。
❖ 意外的利好消息对投资者来说是负面消息
❖ 若股价大幅上涨，投资者可能会因此损失一部分潜在收益。
❖ 投资者会在投资组合的仓位管理方面丧失一定的灵活性。
❖ 对于新手投资者来说，一开始可能很难寻找到合理的期权出售。

当股价大幅上涨时，投资者会失去部分潜在收益。

总的来说，具体的Covered Call策略SWOT矩阵分析如图7.2所示。

< 92 >

图7.2: 持保看涨期权的SWOT分析

优势

有利的内在因素
- 可盈利的低风险投资策略
- 无保证金要求
- 可提供股票升值外的一些额外收益
- 可提供标的资产价格下跌风险的对冲保护
- 依旧可获取股票股利
- （美国）对于个人退休账户的免税优势
- 是一种相对保守的投资策略
- 适用范围广泛
- 投资者仍享有一般股东的投票权

劣势

不利的内在因素
- 预期收益有限
- 不能挣快钱
- 策略学习耗时较长
- 不太适合短期投资
- 不能总是赚到巨大收益
- 可能需要规模相对较大的投资组合

机会

有利的环境因素
- 初始现金流入
- 适合长期投资
- 30-35%的期权合约将到期作废
- （美国）策略适用于个人退休账户

威胁

不利的环境因素
- 不能赚取短期的巨额利润
- 牛市环境带来负面影响
- 在牛市环境下会损失部分收益
- 投资者将失去部分仓位调整灵活性
- 需要考虑机会成本
- 需要找到具有合理价格的看涨期权出售

< 93 >

在充分考虑了上述各项影响因素后，持保看涨期权策略将会是一种风险收益匹配较好的投资策略，并且可用于产生额外的收益。此外，根据芝加哥期权交易所（CBOE）发布的统计数据显示，每年有30%至35%交易的期权到期作废。作为SWOT分析（图7.2）中的机会因素之一，这个关键事实对于看涨期权的出售方来说确实是个好消息，如果看涨期权未被行使，期权出售方将可以简单地收下期权售价并保留其标的股票。（芝加哥期权交易所）（Ellman，2015）

持保看涨期权策略将允许低风险投资者充分开发其手中股票的全部潜在收益机会，而不是将它们置于"休眠"状态坐等股价上涨。这种防弹策略与出租闲置房产换取租金收入的投资策略十分类似。

7.4 本章小结

在本章中，我们主要讨论了以下内容：

❖ 持保看涨期权策略的好处。
❖ 持保看涨期权策略所面临的潜在风险。
❖ 持保看涨期权策略的SWOT分析。

< 94 >

参考文献

Chicago Board Options Exchange, www.cboe.com/

Ellman, Alan, "Percentage of Options Expiring Worthless: Debunking a Myth," *The Blue Collar Investor*, http://www.thebluecollarinvestor.com/, 2015.

Epstein, Lita, *How Much Are Taxes on an IRA Withdrawal?*, http://www.investopedia.com/articles/personal-finance/021015/how-much-are-taxes-ira-withdrawal.asp, 2016.

Investopedia, "SWOT Analysis," www.Investopedia.com

Pahl, Nadine and A. Richter, *SWOT Analysis. Idea, Methodology and a Practical Approach*, http://www.grin.com/en/e-book/124554/swot-analysis-idea-methodology-and-a-practical-approach, 2007.

< 95 >

索引

< 96 >

< 97 >

< 98 >

www.ingramcontent.com/pod-product-compliance
Lightning Source LLC
Chambersburg PA
CBHW052329220526
45472CB00001B/340